JN151899

Yusuke Miyamura
宮村悠介

カント
「人倫の形而上学」
の生成

理念論の道をたどる

春風社

カント「人倫の形而上学」の生成——理念論の道をたどる

目次

第二部　理念論の道

凡例

一、『純粋理性批判』からの引用のさいは、慣例にしたがい、原著第一版（一七八一年）をA、第二版（一七八七年）をBとして、その頁数を示す。

一、『純粋理性批判』以外のカントの文献からの引用のさいは、アカデミー版カント全集から引用する。引用のさいは、当該箇所のアカデミー版カント全集の巻数をローマ数字で、頁数をアラビア数字で示す。

一、カントの手稿断片である「レフレクシオーン（Reflexion）」からの引用のさいは、右のように当該箇所のアカデミー版カント全集の巻数と頁数を、それぞれローマ数字とアラビア数字で示したうえ、略号Refl.の後に編者E・アディッケスによる整理番号もあわせて示す。

一、引用文中での強調は、ゲシュペルト＝隔字体およびイタリックの箇所は傍点で、太字の箇所は**太字**で示す。なお原文ではゲシュペルトで強調の箇所の原文を表記するさいは、レイアウトの都合で、イタリックに変更している。

一、引用された文章における（　）は原著者のもの、もしくは原文を表記するためのものであり、〔　〕は引用者による補足である。

一、注は各章の末尾にまとめ、各章末の注では言及する文献について、著者の姓（ファミリーネーム）と、簡略化した書名もしくは論文名と、頁数もしくは章・節数などのみで参照箇所を指示する。フルネームの著者名と、副題等もふくめた正式な書名もしくは論文名や、出版社、出版年等の詳細な情報は、巻末の参考文献に示す。

序　カントの一大プロジェクト

『人倫の形而上学』は、カントの晩年の作品である。カントの著作活動の最晩年にあたる、一七九七年に刊行された。カント研究の枠内では、前世紀の終盤ごろから、「第一部　法論の形而上学的原理」（以下、「法論」とも略す）と、「第二部　徳論の形而上学的原理」（以下、「徳論」とも略す）からなるこの作品が注目される機会も増えてきたが、カント研究者以外の一般の読者にとってこの作品は、カントの晩年の、地味で退屈な作品という印象を与えるかもしれない。たしかに『人倫の形而上学』は、カント以後の哲学史において、一七八一年の『純粋理性批判』や、それにつづく『実践理性批判』および『判断力批判』という理性批判の体系、さらにはカントにとっては『人倫の形而上学』を基礎づけるための準備的作品という位置づけの『人倫の形而上学の基礎づけ』（以下、『基礎づけ』とも略す）が備えているような、輝きを持っていない。とはいえ一般にあまり注意されていないかもしれないが、実は『人倫の形而上学』という著作を出版しようとするプランは、カントの晩年になって生じたものではなく、『純粋理性批判』の構想が生じる以前、実際の『人倫の形而上学』出版の約三十年前の、一七六八年にすでに確認することができる。一七六八年五月九日付のJ・G・ヘルダー宛の書簡でカントは、「それで私は今、『人倫の形而上学』（eine Metaphysik der Sitten）に従事しています」と報告し、「私のいつも不安定な健康が私を邪魔することさえなければ、私は今年中に完成できるものと期待しています」と伝えている（X, 74）。その後もカントは、本書の第一章でも概観するように、くりかえし『人倫の形而上学』の出版の意向を表明しており、カントが『人倫の形而上学』という作品の出版を断念したことは、おそらく一度もない。そして、右の一七六八年の書簡から約三十年後、『純粋理性批判』の出版に向けての一七七〇年代のいわゆる「沈黙の十年」、および三批判書と『基礎づけ』が立てつづけに出版された一七八〇年代を経た、一七九七年にようやく、『人倫の形而上学』は刊行された。『人倫の形而上学』はただのカントの晩年の一作品ではなく、その構想と展開は、カントの哲学者としての活動期間のうちのもっとも充実した三十年にもわたる、カント哲学の一大プロジェクトであったのである。

それにしても著作としての『人倫の形而上学』は、それ自体が一般読者向けの魅力を持っていると簡単には言いがたいことは認めざるをえない。カントの個人史においての『人倫の形而上学』の重要性と、著作としての『人倫の形而上学』の一見したところの魅力の乏しさの、このアンバランスを、どう考えたらよいだろうか。かつてL・H・ベックは、カントの『人倫の形而上学』の三十年におよぶ計画の遅延の経過を辿ったのち、「そのあいだにおおかた副産物として『純粋理性批判』や『人倫の形而上学の基礎づけ』や『実践理性批判』が生まれた」のであって、「『人倫の形而上学』は、仮にそれ自体では重要な興味深い著作でないとしても、私たちには悦ぶべき著作である。カントはその書物を目標として仕事に励み、それで他のより偉大な傑作が生まれたのである」と指摘していた[1]。著作としての価値はともかく、その完成に努めるなかで「他のより偉大な傑作」を生みだしたプロセスとして、『人倫の形而上学』は悦ぶべき作品であるというのである。

唐突かもしれないが、ここで私が連想するのはハイデガーの「存在と時間」のことである。周知のように『存在と時間』は一九二七年に「前半部」が公刊され、「後半部」は出版されることがなかった。ただハイデガーの文脈において「存在と時間」とは、一九二七年の著作としての『存在と時間』だけを意味するものではない。ハイデガー自身、一九三五年夏学期の講義に由来する『形而上学入門』において、「「存在と時間」は、このような省察においては、一冊の書物（ein Buch）を意味するのでなく、課せられたもの（das Aufgegebene）を意味するのである」[2]と述べているように、また、ハイデガーの全集のモットーである「道であって、作品ではない（Wege-nicht Werke）」が、まさに「存在と時間」の特色を示すものであるとされているように[3]、ハイデガーにとって「存在と時間」は、たんなる一冊の書物や作品ではなく、ひとつの課題であり道であった。同じことは、カントの「人倫の形而上学」にも当てはまるようにおもわれる。カントにとって「人倫の形而上学」は、一七九七年に刊行された著作であるばかりでなく、その哲学者としての生涯の三十年近くにわたる課題であり、道であった。そしてその道としての「人倫の形而上学」の途上で、ベックも指摘していたように、今日ではカント哲学を代表するとされているさまざまな作品も生まれたのである。著作としての『人倫の形而上学』については、私はかつて一度ややくわしく語ったことがある。[4] 本書で問題としたいのは、三十年近くにおよぶ道としての「人倫の形而上学」のほうである。

　ハイデガーは著作としての『存在と時間』のなかの、カントの良心解釈を問題とする文脈において、おそらくはカント倫理学の形式主義に対抗するというシェーラーの実質的価値倫理学を強く意識しつつ、「価値理論もまた、その着手点が形式的であろうと実質的であろうと、「人倫の形而上学」を、すなわち現存在（Dasein）と実存の存在論を暗黙の存在論的前提として有している[5]」と説き、カントの「人倫の形而上学」を「現存在の存在論」と理解していた。しかしこれは正確な理解ではない。[6] カントの「人倫の形而上学」は現に存在するものの存在論ではないからである。カントの『純粋理性批判』によれば、自然の哲学が「現に存在している（was *da ist*）すべてのものにかかわる」のに対し、人倫の哲学は「現に存在すべきものにのみかかわる」のであり（A 840/B 868）、後者の人倫の哲学のうち、純粋理性にもとづくものが「人倫の形而上学」なのである。つまり「人倫の形而上学」は現に存在する現存在の存在論ではなく、純粋理性にもとづいて「現に存在すべきもの」にかかわる形而上学なのだ。カントにとって、純粋理性によって「現に存在すべきもの」、それは純粋理性概念としての理念にほかならない。本書で問題としている道としての「人倫の形而上学」のひとつの重要な道しるべは、この純粋理性概念としての理念に求めることができるはずである。

実際、一七七〇年代終盤のものとされているカントの遺稿「レフレクシオーン」には、「「人倫の形而上学」(die metaphysic der Sitten)において私たちは、具体的なすべての人間の特性や適用、またその妨げを度外視して、純粋で普遍的に＝妥当する理念(idee)である規準(canon)を求めなければならない」(XIX, 172 : Refl. 6822)という記述がある。本書が問題とする道としての「人倫の形而上学」は、純粋で普遍的に妥当する理念を求める学である。そしてそうした理念は、一七八一年の『純粋理性批判』においてはじめて、純粋な理性概念としてカント哲学のなかに位置づけられた。そこで本書としてはまず、『純粋理性批判』の理念論にいたるまでの道を、辿っておかなければならない。これが本書の第一部「理念論への道」の課題である。まず第一章において、本書の全体にかかわる「人倫の形而上学」の構想の展開と、その理念論との結びつきを確認する。そのうえで、第二章においてカントの理念論の歴史的背景を、源泉史的な観点から取りあげ、また第三章においてはカントの理念論の生成の過程を、生成史の観点から取りあげる。

そして『純粋理性批判』では、「超越論的弁証論」のなかで、純粋理性が「超越論的たましい論」、「超越論的世界論」および「神の超越論的な認識」に対して理念を与えるとされ(A 334 / B 391)、これらがそれぞれ「超越論的弁証論」の第二編の各章の主題(たましい、世界、神)をなすが、こうした思弁的な理念の問題を論じる一方で、カントは実践的な意味を持つ理念にも言及している。それが道としての「人倫の形而上学」を導く理念である。その理念とは、この理念については軽蔑的に「ただの理念にすぎない」と語ることはできないという「知恵（die Weisheit）」であり（A 328 / B 385）、また人間がけっして完全に適合することができない基準であるという「徳の純粋な理念（die reine Idee der Tugend）」であり（A 315 / B 372）、すべての立法の根底になければならないという「プラトンの共和国（die *platonische Republik*）」であり（A 316 / B 372）、そして最後に、「徳と、またそれとともにまったき純粋さにおける人間的な知恵は、理念である。しかしながら、（ストア派の）賢者は一箇の理想（ein Ideal）である」（A 569 / B 597）という、徳と知恵を人格化したもの（賢者）である「理想」である。これらの、知恵、徳、プラトンの共和国、そして理想という理念は、『純粋理性批判』においてはバラバラな箇所に登場しており、統一を欠いている。しかしこれらの理念は、『純粋理性批判』以降の道としての「人倫の形而上学」において、それぞれカントの思考を導く役割を果たしており、そうした思考は最終的に一七九七年の著作としての『人倫の形而上学』に流れ込んでいる。これら四つの理念論の道として、『純粋理性批判』からの、あるいはそれ以前からの、道としての「人倫の形而上学」を考察することができるのである。

本書の第二部「理念論の道」は、これら知恵、徳、プラトンの共和国、理想という四つの実践的意味を持つ理念をめぐる、一七九七年の著作としての『人倫の形而上学』にいたるまでの、カントの思考の道を考察する。そのさい、それぞれの理念に役割を割り振り、知恵の理念との関係では「人倫の形而上学」の根底にある哲学の問題を、徳の理念の観点では「人倫の形而上学」の「徳論」（倫理学）の問題を、プラトンの共和国との関連では「人倫の形而上学」の「法論」（共同体論）の問題を、理想の観点からは「人倫の形而上学」の主体である人格の問題を、それぞれ考えたい。こうした、知恵、徳、プラトンの共和国、理想という四つの理念と、哲学、徳論、法論、人格という四つのテーマの連関をめぐる、一七九七年の著作としての『人倫の形而上学』にいたるカントの思考の過程を辿ることで、道としての「人倫の形而上学」を概観することが、本書の第二部の課題である。

カントの道としての「人倫の形而上学」関係年表

一七六五年	ランベルト宛書簡で『実践哲学の形而上学的原理』出版の意向表明
一七六八年	ヘルダー宛書簡で『人倫の形而上学』出版の意向表明
一七六九年	カントの思想に大きな展開をもたらした「六九年の大いなる光」
一七七〇年	教授資格論文「可感界と可想界の形式と原理について」を発表 同年にランベルト宛書簡で『人倫の形而上学』出版の意向表明
一七七三年	ヘルツ宛書簡で『純粋理性批判』ののちに『人倫の形而上学』を出版する意向を表明
一七七〇代末	遺稿で「人倫の形而上学」は「理念」を求める学であると規定 おおよそ同じ時期に「法論」と「徳論」の基本的な原理も確定
一七八一年	『純粋理性批判』第一版出版
一七八五年	『人倫の形而上学の基礎づけ』出版 出版直後にシュッツ宛書簡で『人倫の形而上学』の完成に着手する意向表明
一七八七年	『純粋理性批判』第二版出版
一七八八年	『実践理性批判』出版

一七九〇年	『判断力批判』出版
一七九二年	エルハルト宛書簡で『人倫の形而上学』を執筆中であることを告げる
一七九四年	ド・ラ・ガルド宛書簡で『人倫の形而上学』のテーマを報告 同年にシラーがエルハルト宛書簡で、カントの『人倫の形而上学』の出版を差し止めているのは、「所有権の導出」という問題であると証言
一七九五年	『永遠平和のために』出版
一七九七年	『人倫の形而上学』出版（「法論」は一月、「徳論」は八月）
一八〇四年	死去

註

〔1〕 Beck, *A Commentary*, p. 18.（邦訳：三二頁）

〔2〕 Heidegger, *Einführung in die Metaphysik*, S. 157.（邦訳：二二九頁）

〔3〕 轟『ハイデガー『存在と時間』入門』四一一頁。

〔4〕 宮村「訳者解説」の7～12を参照されたい。

〔5〕 Heidegger, *Sein und Zeit*, S. 293.（邦訳：三二一頁）

〔6〕 この点、ハイデガーの弟子であり K・レーヴィットの盟友であった、G・クリューガーの教授資格論文のカント研究（一九三一年）はより正確である。「M・シェーラーが行った今日の批判はとりわけ、歴史的な状況の誤認にもとづいている」と、カント倫理学は形式主義であるとするシェーラーの批判を退けたうえで、「「客観的な諸目的」を備えた実質的な「人倫の形而上学」が原理的に、純粋で実質的な倫理学の要求

を満たすのであり、この形而上学は、この形而上学のための「基礎づけ」と、内在的には完全に明白な連関のうちにある」と、「人倫の形而上学」こそが、実質的倫理学の要求を満たすものであると位置づけている（Krüger, *Philosophie und Moral*, S. 12〔邦訳：二六頁〕）。

第一部　理念論への道

第二部で知恵、徳、（プラトンの）共和国、理想という四つの理念をめぐる、晩年の『人倫の形而上学』にいたるカントの思考のあゆみ、本書で言う「理念論の道」としての「人倫の形而上学」を取りあげるに先立ち、三章からなるこの第一部は、その助走となる考察、いわば「理念論への道」の考察を行う。

まず第一章で、前批判期から晩年にいたるまでのカントの「人倫の形而上学」の構想の推移の全体像を先取りし、「人倫の形而上学」がカントの生涯の三十年近くにわたる一貫した課題であったことを示すとともに、その「人倫の形而上学」構想と理念論の結びつきを確認する。そうした意味で第一章は、第一部のみならず、本書の全体にかかわる議論をあらかじめ概観する役割を果たすことになる。

第二章と第三章は、いずれも『純粋理性批判』にいたるまでの、カントの理念論の背景を明らかにし、『純粋理性批判』の「理念論への道」を明らかにするものである。まず第二章が、源泉史の観点から、カントの理念論の由来を明らかにする。カントの「理念（Idee）」という用語は、プラトンのイデアに由来する。問題となるのはカントのイデア論を中心とするプラトン哲学理解であるが、カントが各種資料で語るプラトン哲学は、プラトン自身の対話篇に遡るものというよりは、近代ヨーロッパの二次源泉に由来するものであるように見える。第二章本論ではブルッカー、ライプニッツ、マルブランシュを、カントのイデア論を中心とするプラトン哲学理解の主な源泉と想定してそれぞれ検討し、付論ではその他の源泉の可能性を検討する。

つづく第三章は発展史の観点から、カントの理念論の生成の様子を明らかにする。知恵、徳、（プラトンの）共和国、理想が実践的な意味を持つ理念であるとされる、『純粋理性批判』の理念論の背景には、一七七〇年の教授就任論文以来の、カントの試行錯誤があった。『純粋理性批判』では整理される概念のあいだにも、その試行錯誤の過程のなかではまだ明確な区別が欠けていることが多く、整然とした印象を与える『純粋理性批判』の理念論は、「沈黙の十年」のカントの悪戦苦闘の成果なのである。そうした理念論の生成の過程を、とりわけ実践的・倫理的なモチーフが主な原動力であったことを示しつつ辿ることで、第二部の「理念論の道」としての「人倫の形而上学」の議論の準備を果たしたい。

第一章　カントの「人倫の形而上学」の構想

はじめに

序章でも簡単に述べたように、カントの『人倫の形而上学』は、カントの晩年にあたる一七九七年に出版された、カントの著作活動の最終盤に位置づけられる作品である。しかしながら、いわゆる三批判書や『人倫の形而上学の基礎づけ』より後に出版されたこのタイトルの作品の構想は、出版より三十年ほど以前、三批判書や『基礎づけ』の構想が生まれる前の、一七六〇年代の書簡にすでに確認することができる。その後もカントはくりかえし書簡や著作で、『人倫の形而上学』の執筆と出版の意向を示しており、一七九七年の『人倫の形而上学』の出版は、カントの三十年の尽力の集大成であった。カントの新しい伝記[1]の作者であるM・キューンとともに、「『人倫の形而上学』の展開は、カントの哲学的な生涯の大部分をつうじての、カントの究極的なゴールであった[2]」と言うことができるだろう。

それゆえ道としての「人倫の形而上学」はもちろん、著作としての『人倫の形而上学』の性格を考えるためにも、こうした長い前史を押さえておく必要があるわけであるが、しかしその発想を『人倫の形而上学』の前史に確認することが難しい論点もある。『人倫の形而上学』のもっとも基礎的な区分である、「法論(Rechtslehre)」と「徳論(Tugendlehre)」の区別もそのひとつである。『人倫の形而上学』は、一七九七年の一月に先行して出版された第一部「法論」と、同年の八月に出版された第二部の「徳論」からなる。しかしこうしたもっとも基本的な、『人倫の形而上学』の「法論」と「徳論」への区分について、それ以前のカントの著作や書簡は沈黙しているのである。中島義道はこうした著作や書簡の状況から、『人倫の形而上学』における「徳論」と「法論」の区別の成立は比較的遅く、しかも突然生じたものと考え、「『人倫の形而上学』が、「宗教論」への方向転換によってしばらく据え置きにされているあいだ(一七九一-九三年)、カントは何らかの啓示を受けて『人倫の形而上学』の主要部門として「法論」が不可欠であるという洞察に達し」た、と結論づけている[3]。

とはいえ参照する文献をカントの著作や書簡のみではなく、講義録や遺稿にまで広げるなら[4]、「法論」と「徳論」という実践哲学の区別は、とりわけて新しいものでも、突如として「何らかの啓示を受けて」生じたものでもないことが分かる。刊行された『人倫の形而上学』によれば、「倫理学（Ethik）」はドイツ語の「徳論」にあたり、「法論」とともに「一般的な義務論の体系」の一部を形成するが（VI, 379）、こうした「倫理学」と「法論」の対比は、講義録や遺稿においては比較的早い時期から確認することができるものである。「倫理学」ないしは「徳論」と「法論」の区別も、それなりの前史を有するのであり、そうした背景を明らかにすることによって、『人倫の形而上学』のごく基本的な構成についても、それが長い時間をかけて準備されたものであることを確認することができるであろう。本章ではこうした「徳論」と「法論」の区別という観点に重きを置いて、道としての「人倫の形而上学」を概観してみたい。

本章はまず、著作と書簡を材料として、カントの『人倫の形而上学』の前史の大枠を明らかにする（第一節）。そのうえで、実践哲学に関係する各種の講義録をもとに、「倫理学」と「法論」の区別がカントの思考に一貫したものであったことを示したい（第二節）。さらにカントの遺稿である「レフレクシオーン」を素材として取り上げて、「人倫の形而上学」の構想をめぐるカントの思考の推移をさらにはっきりさせる（第三節）。

第一節　著作と書簡における「人倫の形而上学」

カントが「人倫の形而上学」というタイトルの作品の構想をはじめて語ったのは、本書の序章でも言及したように、著作としての『人倫の形而上学』の出版のおおよそ三十年ほど前、一七六八年五月九日付のJ・G・ヘルダー宛書簡においてである。ここでカントは、自分の研究が「人倫（die Sitten）」にかんしては進捗しており、それゆえ「私は今、『人倫の形而上学』に従事している」と報告している。この仕事において、カントは「明白で実り多い原則」や、人倫にかんする認識の努力を正しい方向に導くための「方法」を示せると考えており、不安定な健康が許せば、この著作を「今年中にも完成できると希望している」旨を述べるのである（X, 74）。なおこの書簡の三年前、一七六五年一二月三一日付のJ・H・ランベルト宛書簡でもカントは、『実践哲学の形而上学的原理』（die metaphysische Anfangsgründe der praktischen Weltweisheit）という著作の構想を語り、「材料は目前に準備できている」と告げていた（X, 56）。ただし一七六〇年代のカントの著作には、倫理学や道徳の問題への言及はほとんどない。しいて挙げれば、一七六四年の論文「自然神学と道徳の原則の判明性についての探究」において、「人倫性の第一の諸根拠（die erste Gründe der Sittlichkeit）において最高度の哲学的明証性が得られることが可能でなければばならない」けれども、「実践哲学には思弁的哲学に比べてかなり大きな欠陥がある」（II, 300）と、現状の倫理学の問題点を指摘する箇所や、一七六五―一七六六年の冬学期講義計画公告において、「シャフツベリ、ハチソン、そしてヒュームのこころみは、未完成で欠点があるとはいえ、すべての人倫性の第一の諸根拠（die erste Gründe aller Sittlichkeit）の探求においては、もっとも進んでいる」（II, 311）と、イギリスの道徳哲学、とりわけその道徳感情論を評価する箇所がある程度である。当時のカント自身の「人倫性の第一の諸根拠」についての見解はどこにも開陳されていない。しかしこうした「人倫性の第一の諸根拠」をめぐる従来の哲学の欠陥や、他の哲学者たちによる議論を、カントは黙って見守っていたばかりではない。自分の見解を『実践哲学の形而上学的原理』や『人倫の形而上学』として発表する準備を進めてはいたのである。著作としての『人倫の形而上学』の構想は、こうした一七六〇年代のカントの関心と準備にまで遡る[5]。

先に言及した論文「自然神学と道徳の原則の判明性についての探究」でカントは、欠陥のある実践哲学がまず解決しなければならない課題として、「実践哲学の第一の諸原則を決定するのは、たんに認識能力であるのか、それとも感情であるのか」(II, 300) というものを挙げていた。この問いにカントは、一七七〇年の教授就任論文「可感界と可想界の形式と原理について」で、「道徳哲学が評価の第一原理を呈示するかぎり、それは純粋知性によってのみ認識され、それ自身純粋哲学に属する」(II, 396) と、道徳の第一原理や原則は認識能力によってのみ認識されるという答えを示している。こうして自分の道徳哲学にかんする、カントの基本的な立場は固まった。これは「人倫の形而上学」の構想にとっても大きな前進であったはずである。実際、カントは自分の教授就任論文を同封した一七七〇年九月二日付のランベルト宛書簡で、「この冬には、いかなる経験的原理も見いだされない純粋な道徳哲学、いうなれば『人倫の形而上学』(die Metaphysic der Sitten) についての私の研究を整理し、書き上げる」という決意を表明している (X, 97)。ただしこの決意も実現されることはなく、一七八一年の『純粋理性批判』の刊行にいたるまでのいわゆる「沈黙の十年」に突入することになるわけであるが、注目に値するのは、一七七〇年代初頭の書簡において、新たに生じた、『純粋理性批判』の原型をなす作品の構想と並行して、あるいはその一部として、純粋な道徳哲学や「人倫の形而上学」の構想が引きつづき語られていることである。一七七一年六月七日付のM・ヘルツ宛書簡でカントは、『感性と理性の限界』(Die Grenzen der Sinnlichkeit und der Vernunft)というタイトルのもと、「感性界に対して規定される根本諸概念ならびに諸法則の関係を、趣味論と形而上学と道徳学(Moral)の本性の構想とあわせてふくみ持つことになるような著作を、いささか詳細に仕上げることに取り組んでいます」(X, 123)と、現状を報告している。『感性と理性の限界』は『純粋理性批判』の原型となる著作の構想であるが、そのなかに道徳学の構想がふくまれていたのである。同様に翌年の一七七二年二月二一日付のヘルツ宛書簡でも、『感性と理性の限界』の構想が、よりくわしく語られている。この書簡でのカントによれば、『感性と理性の限界』という著作は、理論的部分と実践的部分の二部構成であり、第一部は現象論と形而上学のふたつの章、第二部は感情、趣味、感性的欲求の原理についての第一章と、「人倫性の第一諸根拠(die erste Gründe der Sittlichkeit)」の第二章からなる(X, 129)。「人倫性」についての哲学は、『純粋理性批判』の原型である『感性と理性の限界』の一部に組み込まれていたのである。その人倫の哲学は、同じ書簡の先立つ箇所で「道徳において感性的なものを知性的なものから区別することにおいては、またその区別から生じる諸原則については、私はすでに以前からかなりのところまで成しとげていました」(X, 129)とあるように、『感性と理性の限界』の構想以前からの、おそらくは教授就任論文の執筆のころからの、カントの人倫や道徳の問題との取り組みの成果として構想されていたのであろう。

一七七二年二月のヘルツ宛書簡の時点ではカントは、「理論的認識およびたんに知性的であるかぎりでの実践的認識の本性をふくむ純粋理性の批判（eine Critick der reinen Vernunft）」にほかならない『感性と理性の限界』のうち、「形而上学の源泉と方法と限界をふくむ第一部」をまず仕上げ、「続いて人倫性の純粋な原理」を扱う第二部に取りかかり、「前者については、およそ三ヵ月以内に出版するでしょう」（X, 132）という見込みを語っていた。この見込みも成就はしなかったわけであるが、翌年のヘルツ宛書簡では、『感性と理性の限界』ないしは『純粋理性の批判』とは独立に、形而上学としての『人倫の形而上学』の構想が語られている。一七七三年末のヘルツ宛書簡でカントは、「本来は純粋理性の批判である私の超越論的哲学を完成してしまったなら」、次には形而上学に取りかかること、その形而上学は「自然の形而上学と人倫の形而上学（Metaphysik der Sitten）」からなること、しかも後者の「人倫の形而上学」を「まず出版するつもりであり、今からそれを楽しみにしている」ことを報告している（X, 145）。ここでは『純粋理性批判』の構想の一部としてではなく、それから独立したふたつの形而上学として、『自然の形而上学』と『人倫の形而上学』の構想が語られており、しかも『人倫の形而上学』を先に出版する見とおしが示されているのが注目に値する。ただし実際に出版されたのは、『自然科学の形而上学的原理』が一七八六年、『人倫の形而上学』は一七九七年と、順番が逆転するのではあるが。(6)

以上見てきたように、一七六〇年代に生まれた「人倫の形而上学」の構想は、一七七〇年代にも温め続けられた。この時期に新たに生じた、『感性と理性の限界』を原型とし『純粋理性批判』に成長する作品の構想との関係で、この「人倫の形而上学」の構想は、ある時はその一部として、ある時はそれと独立した形而上学の体系として、位置づけを変えるが、『純粋理性批判』の準備に没頭するカントが、

「人倫の形而上学」の構想を手放すことはなかったのである。

「沈黙の十年」の後、一七八一年にようやく『純粋理性批判』が刊行される。刊行された『純粋理性批判』のなかでは、「超越論的方法論」の「純粋理性の建築術」の章で、「人倫の形而上学」の構想が語られている。その論述によれば、純粋理性の哲学は、予備学としての「批判」か、純粋理性の体系である「形而上学」か、このふたつである。このうち、後者の形而上学は、純粋理性の思弁的使用と実践的使用の形而上学に、つまり「自然の形而上学」と「人倫の形而上学」に区別される。後者の形而上学は「なすこととなさざることをア・プリオリに規定し、それを必然的なものとする原理」をふくむが、「道徳性（die Moralität）」が、行為にかかわる唯一の合法則性であって、その合法則性は完全にア・プリオリに原理にもとづいて導出されることができる。それゆえに「人倫の形而上学とは本来的には純粋道徳（die reine Moral）であって、どのような人間学も（いかなる経験的条件も）その根底に置かれることがない」（以上、A 841–2 / B 869–70）。このようにしてカントの著作においてはじめて、「純粋道徳」にほかならない「人倫の形而上学」の構想が、「批判」に続く「形而上学」の一部として、打ち出されることになったのである。なおカントはことばの狭い意味では「自然の形而上学」のみが形而上学と呼ばれているが、「純粋な人倫論（reine Sittenlehre）」も純粋理性にもとづく哲学的認識の一部であるかぎりでは、「形而上学」という名に値すること、ただし『純粋理性批判』の当面の文脈ではこの「人倫の形而上学」は主題とならないことを断り（A 842 / B 870）、「人倫の形而上学」の内容や構成についてはこれ以上くわしく説明していない。ともあれ、『純粋理性批判』執筆時のカントにとっては、「自然ならびに人倫の形而上学、それにとりわけ批判」こそが、「私たちが真正な意味で哲学と名づけうるものを形づくっている」のであり、この哲学は「すべてのものを知恵へと、しかも学の道をつうじて関係づける」(A 850 / B 878)。『純粋理性批判』執筆時のカントにとって「人倫の形而上学」は、自分の哲学＝知恵への愛(フィロソフィア)の不可欠な一部をなしていたのである。

一七八五年に刊行された『人倫の形而上学の基礎づけ』の「序文」においても、カントは同じような哲学の区分を示している。ア・プリオリな原理にのみもとづく哲学は、たんに形式にかかわる「論理学」と、一定の対象を持つ「形而上学」に分かれ、このうち後者は、「自然の形而上学」と「人倫の形而上学」に分かれる(IV, 388)。『純粋理性批判』では当面の主題ではないとされた、後者の「人倫の形而上学」こそが『基礎づけ』の主題とする形而上学であるが、カントは「私のこころづもりでは、いずれ『人倫の形而上学』を世におくることにしているが、それに先立って、この『基礎づけ』を公刊することにした」(IV, 391)と宣言する。カントによれば、形而上学の基礎をなすものが『純粋理性批判』にほかならない『純粋思弁理性批判』であるように、本来なら「人倫の形而上学」の基礎をなすものは『純粋実践理性批判』であるはずだが、①『純粋実践理性批判』は『純粋思弁理性批判』ほどには緊急に必要ではないこと、②『純粋実践理性批判』の完成には実践理性と思弁理性を統一することが必要だが、『基礎づけ』ではそこまでは到達できなかったこと、この二点の理由を挙げ、本書を『純粋実践理性批判』ではなく、『人倫の形而上学の基礎づけ』と名づけることにしたと、カントは語る。ここまでは本書がなぜ『純粋実践理性批判』ではなく、「人倫の形而上学」の『基礎づけ』なのかという理由である。またそれとともに、カントは第三の理由として、③『人倫の形而上学』とはものものしいタイトルであるが、通常の悟性〔常識〕にとっても適合する面を備えているから、「基礎についてのこの準備作業を、『人倫の形而上学』から区別しておくことが有益である」というものを挙げる（以上、IV, 391)。これは本書がなぜ『人倫の形而上学』そのものではなく、その『基礎づけ』なのかという理由である。

このように『基礎づけ』の「序文」には、『基礎づけ』がなぜ『純粋実践理性批判』でも『人倫の形而上学』そのものでもないかという理由は示されていても、いずれ刊行するつもりの『人倫の形而上学』がどのような作品であるかについての、記述は乏しい。『基礎づけ』の「第二章」には、「こうして完全に分離された「人倫の形而上学」のうちには、どのような人間学や神学も、いかなる自然学や超自然学も……混入していない。それは義務にかんする理論的な、確実に規定されたすべての認識にとって不可欠な基体であるばかりではなく、同時に義務が指令することを現実に遂行するにさいしてきわめて重要な、欠くことのできないものなのである」(IV, 410) と、来るべき「人倫の形而上学」の性格を強調する箇所もある。しかし人間学や神学や自然学からの分離や、義務の遂行のために必要不可欠なものであるという、ひとつの学としての基本的な性格を印づけるものにとどまり、その内部の構成や区分などには立ち入っていない。それでもカントは、『基礎づけ』の刊行時には、すぐに『人倫の形而上学』を刊行できると考えていたようで、『基礎づけ』の刊行直後の一七八五年九月一三日付のC・G・シュッツ宛書簡では、「今や私はためらわずに人倫の形而上学の完成に取りかかります」(X, 406) という決意が表明されている。実際には一七八八年に刊行された『実践理性批判』を経由せずに、ただちに『基礎づけ』ののちに『人倫の形而上学』を刊行することが、当初のカントのプランだったのである。

こうした方向性での努力はしばらく続けられたものと考えられる。一七八六年四月七日付のJ・ベーリング宛書簡でカントは、形而上学は他のひとに任せて、「実践哲学の体系（das System der practischen Weltweisheit）のために時間をとるつもり」だという意向を表明している（X, 441）。ここでの「実践哲学の体系」とは、長らくカントが構想してきた「人倫の形而上学」のことであろう。また一七八七年の『純粋理性批判』第二版の「序文」では、「理性批判」の仕事のためにかなりの老年に達したというカントは、「自然および人倫の形而上学を、思弁的および実践的理性の批判の正当性を確証すべく世におくるという計画をやり遂げようとすれば、時間を節約しなければならない」（B XLIII）と語る。ここでも『人倫の形而上学』を刊行することが老いとの競争において差し迫った課題として意識されており、おそらくこの文脈では、「実践的理性の批判」はすでに『純粋理性批判』第二版において遂行されたものと考えられており、『実践理性批判』を独立の著作として出版する計画は読みとれない。しかし実際には、翌一七八八年に刊行されたのは『人倫の形而上学』ではなく、『実践理性批判』であり、そこには「人倫の形而上学」の構想への言及はないのである。そして『実践理性批判』を書き終えた直後の一七八七年九月一一日付のL・H・ヤーコプ宛書簡でカントは、「私はただちに『趣味の批判』の論述に着手します。これをもって私は、私の批判的な作業を終結させ、定説的な作業へと進んでゆくことになるでしょう」（X, 494）と、「人倫の形而上学」の展開という「定説的な作業」に先立って、実際には一七九〇年に刊行された『判断力批判』の出版に向けた仕事に従事する決意が語られている。一七八九年五月二六日のヘルツ宛書簡でもカントは、自分の背負った遠大な計画として、間もなく刊行されるという『判断力批判』の出版とともに、「形而上学の体系を仕上げること、それも自然と人倫の両面で」（XI, 49）という課題を挙げている。

以上のように一七八〇年代にもカントは、「人倫の形而上学」の構築を、理性批判に続く課題として意識し続けていた。ただある時はその準備作業を『基礎づけ』としてあらかじめ提示することが優先され、またある時は新たに生じた『実践理性批判』や『判断力批判』という批判書の出版が優先され、『人倫の形而上学』が刊行されることはなかった。『人倫の形而上学』の刊行は、『判断力批判』刊行の七年後の一七九七年であった。

一七九〇年代に入ると、刊行された『人倫の形而上学』の具体的かつ中心的な論点と関連する証言が見られるようになり、『人倫の形而上学』の実際の構成も、おぼろげながら見えてくる。たとえば一七九二年一二月二一日付のJ・B・エルハルト宛書簡でカントは、「自分自身に対する義務（Pflichten gegen sich selbst）」を話題にするなかで、この義務が「私の手元で執筆中の『人倫の形而上学』において、とりわけて、そしてよくよそでなされているのとはちがったしかたで、取りあつかわれることになるでしょう」（XI, 399）と、来るべき『人倫の形而上学』において「自分自身に対する義務」が重要な論点となる見込みを述べている。実際に「自分自身に対する義務」は、『人倫の形而上学』「徳論」において、二部構成の「倫理学の原理論」の第一部の主題となり、「徳論」の「序論」を除く本文の、おおよそ半分ほどのページが割かれる論点となるのである。さらに一七九四年一一月二四日付の出版者ド・ラ・ガルド宛書簡では、「私のテーマは本来、もっとも広い意味での形而上学（Metaphysik in der weitesten Bedeutung）」であり、そこには「神学、道徳（これとともにまた宗教）あるいは自然法（これとともに国家法および国際法）」がふくまれると伝えている（XI, 531）。この書簡での「形而上学」は、もちろん構想の発端から三十年近くになる「人倫の形而上学」のことであるが、この段階の構想では「道徳（＝徳論）」と「自然法（＝法論）」とともに、「神学」や「宗教」がその一部としてふくまれていたのである。実際の『人倫の形而上学』においては、こうした構想に反して、むしろ神学や宗教を「法論」や「徳論（倫理学）」から排除し、人格としての人間と人間のあいだの、いわば世俗的な学問として「人倫の形而上学」を打ち立てようとするカントの志向が強く打ち出されている。『人倫の形而上学』「法論」の「法論への序論」では、権利だけを持ち義務を持たない存在者としての神に対する人間の法的関係の存在が、「たんなる哲学においては」否定され（VI, 241）、「徳論」の「倫理学の原理論」第十八節でも、「宗教を持つ」ことはあくまで「自分自身に対する人間の義務」であって、これは「神に対する義務」ではないことが指摘される（VI, 443f.）。そして『人倫の形而上学』全体を締めくくるのは、「神に対する義務の教えとしての宗教論は、純粋な道徳哲学の限界外にある」というタイトルの「結び」であって、そこでは「宗教はそれゆえ、神に対する義務の教えとしては、純粋に＝哲学的な倫理学のすべての限界の彼方に存在している」（VI, 487f.）と宣告されている。一七九四年一一月の段階の構想から一七九七年の出版のあいだに、「人倫の形而上学」から宗教と神学を排除し、あくまでこれを世俗化する方向で、準備は進められたのである。

さて先に引用した一七九四年のド・ラ・ガルド宛書簡での「形而上学」の構想には、道徳と神学・宗教とともに、自然法・国家法・国際法がふくまれていた。『人倫の形而上学』「法論」に結実する法の問題が、「人倫の形而上学」の構想のなかで登場するのは、著作や書簡にかんしてはこれがはじめてである。後に見るように、講義録や遺稿では「法論」の論述に直結する問題がすでに以前から、とりわけこの一七九〇年代前半に論じられているが、こうした「法論」の問題を実際に取り扱うなかで、カントにとって一番難題であったのは、自然法の問題、とりわけ所有権の問題であったようである。フォアレンダーが引用しているシラーの一七九四年一〇月二八日のJ・B・エアハルト宛書簡において、シラーは次のように、当時のカントの置かれた状況を伝えている。「所有権の導出は、今やきわめて多くの思索する頭脳が従事している論点ですが、カント自身からも、私の聞くところでは、私たちは彼の『人倫の形而上学』において、この点についてなにごとかを期待してよいのだそうです。とはいえ同時に私の聞くところでは、カントはこの点にかんする自分の発想にいまだ満足しておらず、そしてそのために出版物が手元に留められているそうです[7]」。三批判書を出版したのちに、カントが『人倫の形而上学』を出版するのを差し止めていたのは、所有権の導出という問題だというのである。そしてこの所有権という問題こそ、それ以前のカントの法をめぐる思想にはない、『人倫の形而上学』「法論」の新しい論点なのである[8]。

以上のように「人倫の形而上学」という作品の構想は、一七六〇年代後半からの、カントの一貫した関心事であった。三批判書を成立させた一七九〇年代には、実際に出版された『人倫の形而上学』の個別の問題にかかわる、具体的な論点が話題になってくることになる。とはいえ「法論」と「徳論」という、『人倫の形而上学』のもっとも基本的な区分については、『人倫の形而上学』出版以前のカントの著作や書簡は沈黙している。実践哲学を法の領域と徳ないしは倫理の領域に区分するという発想は、「人倫の形而上学」の構想に比べて、目新しく突如生じた、長いあいだ考え抜かれたものではないといってよいのだろうか。

第二節　実践哲学の講義録における法と倫理

著作や書簡以外の、カントの思考の推移を知るための手がかりとして、講義録と遺稿があるが、ここではまず実践哲学にかんする講義録を参照し、法と倫理という『人倫の形而上学』の基本的な構成をめぐるカントの思考の一貫性と変容を確かめておきたい。アカデミー版カント全集に収録された、カントの実践哲学にかんする講義録のなかで、一番時期的に古いものは、一七六〇年代の講義に由来するものと考えられる、「ヘルダーの実践哲学」である。この講義録では「唯一の道徳の規則」が「君の道徳感情にしたがって行為せよ!」(XXVII, 16) と定式化されているように、道徳の基盤を道徳感情に求めており、これは一七六〇年代の作品におけるカントの立場と対応している。そしてこの講義録にはすでに、はるか後年の『人倫の形而上学』の基本的な区分である、法と倫理(学)という区別への言及が見られる。「倫理学(Ethic)」が語るのは内的な拘束性、「自然法(jus naturae)」が語るのは外的な拘束性と、内的／外的な拘束性と対応させて倫理と法の領域を区別する記述がある（XXVII, 8）ほか、「実践哲学への導入」と題された部分の第一節では、倫理学の位置づけが、法論との関係で規定されている。「倫理学、つまり内的な義務の学問は、一般的な実践哲学のもとに属し、法論、つまり外的な義務の学問と並列している」と指摘されたのち、「自然法と倫理学はそれゆえまったくことなっている、というのも前者は責務（Schuldigkeit）を、後者は別の拘束性を要求するからである」とされる（XXVII, 13）。このように、実践哲学一般を、外的な拘束性や義務を論じる法論ないしは自然法と、内的な拘束性や義務を問題とする倫理学とに区分するという、法と倫理の領域を区別する考えは、すでにこの一七六〇年代の講義録に確認することができる。「人倫の形而上学」の構想と同じくらい、実践哲学における法と倫理の領域の区別という発想は古いのである。

いわゆる「沈黙の十年」におけるカントの法と倫理をめぐる思考の過程を伝えてくれる資料としては、ともに一七七〇年代のカントの講義に由来するものと考えられる講義録である、「ポヴァルスキーの実践哲学」と「コリンズの道徳哲学」がある。これらの講義録では、「強制（Zwang）」の有無が、法と倫理学（徳論）を区別するカギとして機能している。「ポヴァルスキーの実践哲学」によれば、「倫理学は法の教えから区別される」が、法が強制による義務、「責務（Schuldigkeit）」をふくむのに対して、「私たちが人間による強制によって強制されえない義務の総体が、倫理学（die Ethic）を、もしくは徳論（die Tugend Lehre）をなす。徳論はすべての功績ある義務を包含する」とされる（XXVII, 143）。このように倫理学の義務が強制を欠いていることから、「法則は法理的な法則と倫理学的な法則に区分される。a法理的な法則は定言的に、b倫理学的な法則はその一方で仮言的に命じる」（XXVII, 141）とまで述べられるが、これは法と倫理の関係、および定言命法と仮言命法の関係についてのまだ熟していない思想であろう。ともあれ徳において問題となるのは外からの強制ではなく内的な動機であって、「したがって心根（Gesinnung）の内的な性状から生じる行為は倫理的な行為であり、徳はこの倫理的な行為をなすという動因において成りたつ」（XXVII, 162）と整理される。

こうした法と徳を分かつものとしての「動因（Bewegungsgrund）」という思想がより整理されて示されるのは、同じく一七七〇年代のカントの講義に由来する「コリンズの道徳哲学」においてである。この講義録によれば、倫理学はあらゆる拘束性について語り、考察するが、それは「動因が内的である」かぎりのことであって、「倫理学が考量するのは、義務にもとづいており、ことがらそのものの内的性状に由来する、そして強制にもとづくのではない拘束性である」とされる。これに対し「法論は拘束性の充足を考察するが、その拘束性は義務にではなく、強制にもとづいている」。こうした倫理学における「義務にもとづいて（aus Pflicht）」と法論における「強制にもとづいて（aus Zwang）」がこの講義録においては倫理学と法論の区別のポイントをなしており、倫理学と法論の「区別は、こうした拘束性に対する動因のうちにある。というのも私たちは義務づけられたことを、義務にもとづいても強制にもとづいても果たすことができるからである」と整理される（以上、XXVII, 271f.）。このような「義務にもとづいて」と「強制にもとづいて」による倫理学と法論の区別は、『基礎づけ』「第一章」に登場する「義務にもとづいて（aus Pflicht）」と「義務にかなって（pflichtmäßig）」の区別（IV, 398）を準備するものであるとともに、倫理学に強く内面的な性格を与える。カントは同じ講義録のある箇所で、「法理的にある者が有罪であるのは、その者が他者の権利に反する行為をなしたかぎりにおいてである。その一方で倫理学的にはその者が有罪であるのは、行為をなそうという考えを持った場合である」と指摘して、後者の実例として、いわゆる「山上の垂訓」の一節、『新約聖書』「マタイによる福音書」第五章第二十八節の「みだらな思いで他人の妻を見る者はだれでも、既に心の中でその女を犯したのである」（新共同訳からの引用）というイエスの教えを挙げている（XXVII, 433f.）。カントの倫理学と法論の区別は、こうしたきわめて古典的な倫理の発想に根ざすものでもある。

一七八〇年代には『基礎づけ』や『実践理性批判』といったカントの倫理学の主著が刊行されるが、それらの著作では言及されない、法論と倫理学という問題は、引きつづき講義録においては論じられている。たとえば一七八四年の講義に由来するものと見られる「ファイヤアーベントの自然法」では、冒頭から、目的それ自体であり、内的な価値つまり「尊厳」を持つ人間と、等価物が置かれうる外的な価値つまり「価格」を持つにすぎない、外的な事物の対比が論じられる（XXVII, 1319）。これは明らかに、翌年刊行される『基礎づけ』の「第二章」で論じられる主題であり、この講義録の内容は、『基礎づけ』の思考圏内にあると言ってよいだろう。さてこの講義録で倫理学と法論は、次のように区別され定式化される。「倫理学（Ethic）はその道徳性にしたがって行為を判定し規定する学問である。法論（Jus）はその適法性にしたがって行為を判定する学問である」（XXVII, 1327）。ここでの「道徳性」と「適法性」の区別は、著作では『実践理性批判』に登場するものであるが（V, 71, 81）、その区別がここではそのまま、倫理学と法論の区別に当てはめられているのである。また同じ講義録の続く部分では、「心根(Gesinnung)」という概念を用いて、「倫理学とは心根にかんする行為の実践哲学である。法論は心根を考慮しない行為の実践哲学である」とされる(XXVII, 1327)。倫理学とは道徳性をめぐる、心根を問題とする実践哲学であり、法論とは適法性をめぐる、心根のありかたを問わない実践哲学である。およそこのような区別が、『基礎づけ』の時期には準備されていたのである。なお「ファイヤアーベントの自然法」でなお注目に値するのは、法論の基本的な原理がすでに定式化されていることである。この講義録では法は次のように定義される。「法とは、各人の特殊な自由を、そのもとで普遍的な自由が存立しうる条件に制限するものである」(XXVII, 1334)。これは『人倫の形而上学』「法論」において、「外的な行為にさいしては、君の選択意思の自由な行使が万人の自由と普遍的法則にしたがって両立しうるように、そのように行為せよ」とされる「法の普遍的な法則」(VI, 231)を先取りするものであり、「法論」の基盤は、道徳哲学における定言命法が定式化された『基礎づけ』の時代にも準備されつつあったのである。

一七八〇年代の実践哲学についての講義録としては、「ファイヤアーベントの自然法」とともにアカデミー版カント全集第二十七巻第二分冊の第二部に収められた「ムロンゴヴィウスの道徳学」があるが、法と倫理の問題にかんしては、先に検討した一七七〇年代の「コリンズの道徳哲学」の内容を大きく進めるものとはなっていない。倫理学と法論のちがいは拘束性の種類にあるのではなく、倫理学は拘束性について「その動因が内的であるかぎりで」語るのに対し、「法論は拘束性の充足を考察するが、義務にもとづいてではなく、強制にもとづいてである」。こうして「倫理学と法論の区別はこうした拘束性の動因のうちにある」（以上、XXVII, 1420）。また別の箇所では「倫理学はそれゆえ行為の内的な善さをあつかうが、法学は、なにが正しいかをあつかい、法学は心根に向かわず、権能と強制に向かう」（XXVII, 1446）とされる。「義務にもとづいて」という、内的な動因を問題とする倫理学と、強制にもとづいて、内的な動因を問わない法論という、「コリンズの道徳哲学」にも見られた区別が、ここでもくりかえされているのである。先に言及した「山上の垂訓」を例とした法と倫理の区別も、この講義録にまた登場する（XXVII, 1553）。

むしろ法論と倫理学の関係という観点から興味深いのは、アカデミー版カント全集第二十九巻に「補遺」として補われた、途切れて不完全な「ムロンゴヴィウスの道徳学II」のほうである。この講義録には「たんに制限なしに善く、それ自身だけで、どのような見地やどのような状況においても」善く、「唯一、他の条件なしに善い」とされる「善意志」という思想が登場するが（XXIX, 599）、これは明らかに『基礎づけ』「第一章」冒頭で論じられる「善意志」の思想の現われであり、この講義録も『基礎づけ』の思考の圏内にあることはたしかである。この講義録では、外的な強制の可能性の有無によって、法義務と徳義務が区別されるほか（XXIX, 617）、「法とはすべての私たちの強制の義務の総体」であり、「倫理学は強制から自由な義務の総体である」（XXIX, 620）と、強制の有無によって法と倫理学も区別される。注目に値するのは、『基礎づけ』の「序論」で言及された古代ギリシアに遡る、論理学、自然学、倫理学という諸学の区分に、この講義録では倫理学の下位区分として、徳論と法論の区別が言及されていることである。「倫理学もしくは道徳哲学は、徳論（Tugendlehre）もしくは本来の倫理学（Ethic）であるか、法論（Jus）であるかである。道徳とは、意志の自由が、その準則（Maxime）が普遍的法則になるという条件に制限されている場合のことである」（XXIX, 630）。こうした道徳ないしは倫理学の原理に対し、法論の原理とされるのは次のものである。「法とは、そのもとでのみ万人の自由が両立しうる規則と、行為が一致していることである」（XXIX, 630f.）。このように定式化される法の原理は、先に見た「ファイヤアーベントの自然法」のそれに比べて、『人倫の形而上学』「法論」の「法の普遍的な法則」に近づいている。このように『基礎づけ』の時期にも、「法論」の基本的な原理の確立に向けた作業は進められたのである。

なおこの講義録の同じ箇所では、ウルピアヌスの「誠実に生きよ（honeste vive）」、「なんぴとをも害するなかれ（neminem laede）」、「おのおのにそれぞれのものを帰属せしめよ（suum cuique tribue）」という三つの原理が、それぞれ「倫理学の原理」、「自然状態における法の原理」、「市民的状態における法の原理」に区別され、論じられている（XXIX, 631ff.）。実際に『人倫の形而上学』「法論」ではこの三つの原理は、倫理学ではなくあくまで「法論」のなかでの、「法義務の体系を区分する原理」とされ（VI, 236f.）、こうしたウルピアヌスに依拠した倫理学と法論の区分は採用されなかった。それでも、倫理学と、自然状態における法つまり私法と、市民的状態における法つまり公法からなる、カントの「人倫の形而上学」の基本的な区分が、ここに形成されつつあるのである。

一七九〇年代の実践哲学についての講義録としては、「人倫の形而上学」をタイトルに掲げる、一七九三年／九四年冬学期の講義に由来する「ヴィギランティウスの人倫の形而上学」がある。この講義録では、『実践理性批判』での、「理性の事実」としての道徳法則の意識をつうじて自由がはじめて意識されるとする自由論を受けて、「道徳は私たちの自由の意識を得る唯一の手段である」とされる（XXVII, 506）とともに、『判断力批判』で定式化される「道徳的に実践的」と「技術的に実践的」という区別をふまえ、道徳哲学や人倫論、徳論が、実践的な技術論から区別される（XXVII, 482）など、『実践理性批判』や『判断力批判』の思想にもとづく論述がなされており、この講義録で展開されているのは明かにカントの一七九〇年以降の思想である。そしてこの講義録ではくりかえし法論と徳論・倫理学の区別に言及がなされるが、とりわけ基本的な区別が示されている箇所としては、「普遍的な道徳法則」を、「行為がたんにその形式の観点において考察される」という「法の法則」と、「行為がその客体としての目的の観点において考察される」という「倫理学の法則」に区分する箇所がある（XXVII, 526）。法論から区別される倫理学ないし徳論の観点として行為の「目的」は、この時期に現れた新しい思想であるとともに、『人倫の形而上学』の「徳論」に引き継がれるものである。さらにこの講義録では法と倫理学の最上の原理も示されており、前者は「各人の自由を理性によって、各人の自由が万人の自由と普遍的法則にしたがって一致する条件に制限すること」（XXVII, 539）と、後者は「法則のゆえに法則にしたがって行為せよ、あるいは君の義務を義務にもとづいて行え」（XXVII, 541）と定式化される。この講義の時点では、『人倫の形而上学』の「法論」と「徳論」の基本的な立場はすでに確立されている。個別の論点としては、「法論」にかんしては、すでに所有論（「私のもの」）にかんする論述が見られるほか（XXVII,

540, 596)、さらに物件の占有を「物件がそのうえにある土地」の占有に求める論述(XXVII, 595)や、『人倫の形而上学』「法論」では「物権的債権」として整理される、妻や子どもや奉公人といった「人格の占有」(XXVII, 597)をめぐる論述も見られる。「法論」の「私法」の分野にかんしてはすでにこの時期にカントが力を入れて考察していたことがうかがえる。また倫理学ないし徳論についても『人倫の形而上学』「徳論」の基本的なテーゼは打ち出されており、倫理学の命法が「他人の幸福を促進せよ、そして君自身の完全性を促進せよ」と定式化され(XXVII, 578)、こうした定式は「すべての不完全義務の原理」としてもう一度くりかえされる(XXVII, 651)。この他者の幸福と自己の完全性こそが、『人倫の形而上学』「徳論」が問題とする「目的」なのである。

第三節　遺稿における「人倫の形而上学」の構想

以上見てきたように、著作や書簡には見られない法論と倫理学の区別は、実践哲学関係の講義録ではかなり早い時期から話題になっており、一七九七年の『人倫の形而上学』の刊行に向けて、徐々に講義のなかで準備されてきたものであることが見えてきた。本節では講義録と並んで、著作や書簡以外のカントの思考の推移を知る資料である遺稿「レフレクシオーン」を取りあげ、各時期における「人倫の形而上学」およびその「法論」と「徳論」の区別をめぐる思考の推移を、その特徴的な発想に絞って点描したい。

先に見たように、一七六〇年代の講義録「ヘルダーの実践哲学」ではすでに、法と倫理学の区別が話題になっていた。一七六〇年代の「レフレクシオーン」でもやはり、法と倫理学の区別にはくりかえし言及がなされている。一七六〇年代半ばもしくは一七七〇年代初頭の「レフレクシオーン」では、「当然なすべきことについての法則の総体が法（Jus）であり、功績あることについての法則の総体が倫理学（Ethica）である」とされ（XIX, 31: Refl. 6498）、また一七六〇年代半ばの遺稿では、「古代人たちは自然法（das Naturrecht）と倫理学（Ethic）をとりちがえた」とされるが（XIX, 93 : Refl. 6579）、こうした法と倫理学という区分は一七六〇年代の遺稿において、実践哲学のさまざまな基本概念に適用される。たとえば一七六〇年代半ばの遺稿では、義務について、不完全義務は「倫理学（Ethica）」に、完全義務は「自然法（Jus naturale）」に属するものとされ（XIX, 10 : Refl. 6457）、また道徳的な強制についても、一七六〇年代半ばから一七七〇年秋頃までの遺稿によれば、外的な強制が「法の動機」によるもの、内的な強制が「倫理的な動機」によるものと区別される（XIX, 27 : Refl. 6492）。「功績（meritum）」についても、一七六〇年代ないしは一七七〇年代初頭の遺稿においては、「倫理的な功績」と「法の功績」への区分がなされ（XIX, 51 : Refl. 6517）、また一七六〇年代の遺稿では、法的な行為の「功績（Verdienst）」は0、倫理的な行為の功績は0以上の或るもの＝aであるとされる（XIX, 96 : Refl. 6585）。さらに一七六〇年代後半の遺稿では、「自由（libertas）」についても、倫理的な自由と法的自由が区別されており（XIX, 336 : Refl. 7340）、一七六〇年代前後のカントにとっても、法と倫理（学）の区分は、義務や強制、功績、さらに自由という、実践哲学のさまざまな基礎概念にかかわるものであったのである。

「人倫の形而上学」そのものの構想にかんしては、一七七〇年代後半の「レフレクシオーン」に、重要な記述がある。その遺稿によれば、「人倫の形而上学（metaphysic der Sitten）において私たちは、具体的なすべての人間の特性や適用、またその妨げを度外視して、純粋で普遍的に＝妥当する理念（idee）である規準（canon）を求めなければならない」（XIX, 172 : Refl. 6822）。この遺稿は、「人倫の形而上学」についての、書簡以外でのもっとも古い記述であるが、その記述によれば、「人倫の形而上学」とは「理念」にもとづく学なのである。実際に著作としての『人倫の形而上学』は、『純粋理性批判』以来の知恵や徳、（プラトンの）共和国や「理想（Ideal）」にもとづいて展開されるが、そうした「理念」にもとづく学としての「人倫の形而上学」の構想は、『純粋理性批判』刊行直前の一七七〇年代終盤にまで遡るのである。

そして法と倫理（学）の区別という論点も、同じ一七七〇年代後半にくりかえし論じられており、「拘束性（Verbindlichkeit）」について、完全で外的なものが「法理的」、不完全的な拘束性が「倫理的」とされるほか（XIX, 236 : Refl. 7053）、自由や法則についても、「理念（Idee）」ということばを用いて、「内的自由の理念にもとづく法則はすべての行為にむかい、倫理的である。たんに外的自由の理念にもとづく法則は法理的であり、たんに外的な行為にむかう」（XIX, 236 : Refl. 7054）とされる。「理念」にもとづく学としての「人倫の形而上学」の構想と並行して、その主要な区分をなす「法」と「徳論」（＝倫理学）の区分という問題への取り組みも、すでに一七七〇年代後半の遺稿に確認することができるのである。

「法論」と「徳論」の基本的な原理の定式化も、一七七〇年代後半ないしは一七八〇年代のはじめにはこころみられている。この時期の「レフレクシオーン」には次のようにある。「法学の原理はこう言う：合法的な権力が要求する（あるいは要求することができる）ことを自由になせ。倫理学の原理はこう言う：内的で普遍的に妥当する意志の動因にしたがって行為せよ」（XIX, 299 : Refl. 7271）。こうした「法学の原理（Juridisch principium）」と「倫理学の原理（Ethisch principium）」の区別は、一七八〇年代における、「法論」と「徳論」の基本的な区別につながっていく。一七八〇年代の「レフレクシオーン」では次のように、はじめて著作としての『人倫の形而上学』での二部門の区別を先取りする、「法論」と「徳論」の明確な定義が示されている。「法論（人間の法としての）は法則の総体であって、その法則なしには自由は外的に各人の自由と合致して存立することができない。徳論はすべての義務ないしは法則の総体であって、それはその義務ないしは法則の理念がそれ自身だけで行為への充分な規定をふくんでいるかぎりでのことである。法論は行為の義務であり、徳論は心根の義務である」（XIX, 308 : Refl. 7309）。このようにして、外的な自由の両立可能性を求める法則にかかわる「法論」と、義務にもとづく「心根」を求める「徳論」という、著作としての『人倫の形而上学』の二部門の区別は、「レフレクシオーン」においてはすでに一七八〇年代に成立した。実践哲学にかんする遺稿には、一七九〇年代のものは乏しいが、「法論」と「徳論」の区別を問題としてきた本章の検討にとっては、この「法論」と「徳論」の明確な区別の一七八〇年代における成立を見届けたことで十分であろう。

おわりに

　第一節で一七六〇年代から一七九〇年代にかけてのカントの著作や書簡を概観して確認したように、著作としては一七九七年に刊行された『人倫の形而上学』という作品の構想は、一七六〇年代から一貫してカントによって意識されつづけたものであった。「人倫の形而上学」の構想は、「沈黙の十年」を要した『純粋理性批判』の構想よりも早く、ましてやその著作としての明確な構想を実際の出版の直前になるまでしか辿ることができない、『実践理性批判』や『判断力批判』よりもはるかに早い。三批判書というかたちで打ち出された、いわゆる「批判哲学」よりも、「人倫の形而上学」はカントの個人史にとって、一貫したテーマだったのである。

　とはいえ著作としての『人倫の形而上学』のもっとも基本的な区分である「法論」と「徳論」の区分についてさえも、カントの著作や書簡は沈黙しているが、第二節および第三節でカントの講義録や遺稿にもとづいて確認したように、実践哲学を法の領域と倫理学（徳論）の領域に区分することは、一七六〇年代以来一貫して、カントの思考に存在し続けた発想であった。実践哲学にかんする講義録では一七六〇年代の「ヘルダーの実践哲学」以来一貫して、法と倫理学ないしは徳論の区別が話題になっており、その区別がカントの思考の発展にともない、さまざまなかたちで定式化されている。また遺稿においても法と倫理学ないし徳論の区別は、一七六〇年代以来一貫して、実践哲学の基本概念にかんして問題となったものであった。実践哲学を法の領域と倫理学（徳論）の領域に区分することは、おそらくカントにとってあまりにも自明なことであったため、著作や書簡で「人倫の形而上学」の構想を語るさい、とりわけてこの区分に言及がなされなかったのかもしれない。ともあれ、一七六〇年代以来カントは、法と倫理学（徳論）の区分という問題について、講義や遺稿でくりかえし論じ議論を精緻化させて、前節末尾で見たように、一七八〇年代という、『基礎づけ』や『実践理性批判』が出版された時期に、「法論」と「徳論」の明確な定義と区別にいたっている。さらにそれに先立って一七七〇年代の後半には、「理念」という規準にもとづく学としての「人倫の形而上学」という学の構想を書き記しており、こうした「理念」にもとづく学としての「人倫の形而上学」の展開は、一七八〇年代の批判期を経て、一七九七年の著作としての『人倫の形而上学』の刊行にいたるまでの、カントの一貫した課題となる。「理念」こそがカントの「人倫の形而上学」の「法論」と「徳論」を貫く鍵概念であり、こうした「理念」にもとづく学として、カントの「人倫の形而上学」の性格に光を当てる必要がある。

註

〔1〕 Kuehn, *Kant*.

〔2〕 Kuehn, *Kant's Metaphysics of Morals*, p. 21.

〔3〕 中島『カントの法論』一三四頁。

〔4〕 中島と同様、ベックの「人倫の形而上学」の前史の叙述も、主にカントの著作と書簡にもとづいており、講

義録や遺稿は十分に活用されていない。Beck, *A Commentary*, pp. 3–18.（邦訳：一五～三二頁）

（5）こうした一七六〇年代以来の「人倫性の第一の諸根拠」にかんするカントの見解が開陳されるのは、著作では一七八五年の『基礎づけ』においてである。この『基礎づけ』の課題はただひとつであって、それは「道徳性の最上位の原理を探究し、それを確定すること（die Aufsuchung und Festsetzung *des obersten Prinzips der Moralität*）」にほかならない（IV, 392）。

（6）実際に一七八一年の『純粋理性批判』の第一版では、『純粋理性批判』につづくべき作品として、『自然の形而上学』を出版する見込みは語られても（A XXI）、『人倫の形而上学』の出版は予告されていない。

（7）Vorländer, Einleitung, S. XII.

（8）Kersting, *Wohlgeordnete Freiheit*, S.109, Anm. 53.（邦訳：一〇九頁）

第二章　カントの理念論の歴史的背景

はじめに

前章で見たように、カントの「人倫の形而上学」は、あくまで理念を求める学である。そしてカントがプラトンのイデア論を批判的に受容し、これを自分の「理念」の理論へと展開したことはよく知られている。カントによるイデア論の受容の時期も比較的明白である。一七七〇年より前のカントの著作でプラトンの名は、一七六四年の『美と崇高の感情にかんする観察』において、「プラトニックな恋愛

（die platonische Liebe）」（II, 240）という文脈で一度登場するにすぎない。それが一七七〇年の教授就任論文「可感界と可想界の形式と原理について」（以下「形式と原理」とも略）では、形而上学と倫理学の原理がプラトン的な「イデア」に求められ（vgl., II, 396）、またプラトン的な可感界と可想界の二世界論が全体を貫く視点となっている。カントがイデア論を中心とするプラトン哲学の基本的発想を受容したのは、一七七〇年の「形式と原理」の前後の時期であったと考えられる。本章はこの時期のカントによる、イデア論受容の様子を検討する。

一七七〇年の「形式と原理」は、カントが一七六〇年代の経験論的な立場から決定的に離脱し、『純粋理性批判』につながる基本的発想を打ち出した、重要な転機の作品である。それゆえこの作品の成立と明らかに連動している、一七七〇年前後のイデア論受容の様子を明らかにすることは、カント哲学の発展史の観点から重要である。問題はその源泉だが、現代でもカントがプラトンの作品（の翻訳）を直接読んだと想定する研究者もいるものの[1]、カントのプラトン哲学の知識は主に、プラトンの対話篇以外の近代の二次源泉に由来すると考えられるのが一般的である。こうした源泉の特殊さが、カントのイデア論理解に大きな歪みを生じさせるとともに、他方ではカントにプラトン哲学とイデア論を、近代哲学の最先端の議論に直接結びつけさせることにもなっている。カントの独特なイデア論受容の様子を明らかにすることをつうじて、それをもとに展開されたカントの理念論を、近代哲学史の文脈に正しく位置づけることも可能になるはずである。

本章ではカントのプラトン理解の源泉と見なしうる、J・J・ブルッカー『批判的哲学史』、ライプニッツ『人間知性新論』、マルブランシュ『真理探究論』の三冊を取りあげ、カントのプラトンへの言及と照らし合わせながら、それぞれの影響の可能性を考えていく。(2)

第一節　ブルッカー――イデアと学と神

文献学者はもちろん尊重されるべきである。ある人が古代人のことをほじくりかえすのを好まなくとも、その人に古代について教えてくれるような人物が見つかれば、望ましいことである。

(XXIX, 6)

一七七〇年代の講義に由来するものと見られるカントの講義録「哲学的エンチュクロペディー」には、このような一節がある。ここで語られている、「古代人のことをほじくりかえす」のを好まず、文献学者に「古代について教えてくれる」のを求める態度は、カントのイデア論受容にも認められる。カントは『純粋理性批判』で、プラトン自身にとってのイデアの意味についての「文献学的な探究」(A 313 / B 370) には立ち入らない、と断ったうえで、J・J・ブルッカーという文献学者の名を挙げつつ、イデア論について語るのである。

カントのプラトン理解を論じる先行研究の多くが、その主要な源泉として、このブルッカーの哲学史を挙げている。[3] そしてカントが主に依拠したブルッカーの作品は、カントが哲学史もふくむ「エンチュクロペディー」の講義をはじめた一七六七年に第二版が刊行された、『批判的哲学史』[4] であると一般に考えられている。一七六七年という第二版刊行の時期は、三年後の「形式と原理」への影響関係を考えるうえで好都合である。また『純粋理性批判』でのカントの発言に対応する箇所を、ブルッカーの『批判的哲学史』に見出すこともできる。『純粋理性批判』のカントは、プラトンの共和国が「暇な思想家の脳髄のうちにやどりうるにすぎない、夢想された完全性の顕著な例」と見なされていると指摘したうえで、ブルッカーが「イデアを分有しないなら、君主はけっしてよく統治しえないであろう」というプラトンの主張を「嗤うべきことと見なしている」と指摘している（A 316 / B 372）。たしかにブルッカーの『批判的哲学史』にはこうした見解が登場する。『批判的哲学史』の「プラトンとプラトンの哲学について」という節の終盤の箇所では、「プラトンが建設した共和国は、虚構的であり、哲学的な熱狂で一杯になったプラトンの脳髄のうちでだけ（in cerebro tantum Platonis enthusiasmo philosophico replepto）存立しうる」という、プラトンの国家論への批判が展開されている（Hcp 726）。カントが『批判的哲学史』のプラトン哲学についての論述を読んでいたことは間違いない。それでは『批判的哲学史』でプラトンのイデア論は、どのように説明されていたのだろうか。

ブルッカーの紹介するプラトン哲学の基本的な枠組みは、神と質料の二元論である。「あらゆる事物のふたつの原因があり、ひとつはそれによって（a qua）あらゆるものが存在し、もうひとつはそこから（ex qua）あらゆるものが存在することになる原因である。前者は神、後者は質料であり、これらはたがいに対立しあうように、ともに永遠のものであり、また相互に依存していない」（Hcp 678）。このように「あらゆる事物の第一の根源」にかんして、プラトンは神と質料という「ふたつの原理」を立てたが、他方で「プラトンが同時に範例的そして手段的な原因を考察したとき」に、プラトンは「三つの原理を提示した」（Hcp 692）。神と質料に加わる、第三のプラトン哲学の原理がイデアである。

それではイデアは、神と質料に対してどのような関係にあるのだろうか。ブルッカーはアリストテレス『形而上学』での、プラトンのイデア論の背景についての説明（『形而上学』第一巻第六章）を引きながら、「プラトンがイデアを導入する機会を提供したのは、若きプラトンが習熟していたヘラクレイトスの質料についての教え」であったと指摘する（Hcp 696）。つまりブルッカーは、ヘラクレイトスからの影響のもとにプラトンが、「あらゆる可感的なもの（sensibilia）はたえず流れ、それらについて学（scientia）は存在しないので、なんらかの事物について学が存在するなら、可感的なもの以外に、とどまりつづける本性をもつなにものかが実在しなければならないと結論づけた」（Hcp 696）という説を、アリストテレスの見解として紹介したうえで、以下のようにイデア論の由来を説明する。

こうしてプラトンは、諸事物そのものの本質は、流れ去り、あらゆる瞬間に変容する変わりやすい質料においては捉えられないと考えて、その本質を解き明かすために、神的な存在者へ、精神的で変化しない自体的な実体へいたった。それはただ精神によってのみ洞察することができる、可想的なもの（intelligibilia）であって、そうしたものをプラトンがはじめて、アリストテレスの証言する

ように、イデアと呼んだのである。(Hcp 696)

学とその対象たる事物の本質を確保するためには、ヘラクレイトス的な質料＝「可感的なもの」から区別される、「可想的なもの」が必要であり、これをプラトンはイデアと呼んだ。ブルッカーはこのように、プラトンにおけるイデアと学の結びつきを指摘する。学が存在するとすれば、流転する可感的なものから区別される、イデアが存在するのでなければならない。

さてブルッカーによれば、プラトンは「質料はヘラクレイトスから、イデアと、あらゆる神的な事物の論拠はピタゴラスから」取り入れた(Hcp 694)。ブルッカーはこのように、プラトンのイデア論の先駆を「ピタゴラスの数」の理論に求め、両者の一致点を、ある種の神秘説であるところに見る。プラトンのイデアとピタゴラスの数の教説は、「精神的な諸事物の神からの流出」という同じ基礎を持ち、また「イデアによるのと同様に、数によって、神に似たものとなり、また神の直観的な認識へ上昇する」という同じ目的を有する(Hcp 696)。このように先駆とされる「ピタゴラスの数」とともにプラトンのイデアは、神へと緊密に結びつけられる。ブルッカーによればイデアを「プラトンは神に帰し、また神から導出した」(Hcp 692)のだ。

以上のようにブルッカーはプラトンのイデア論を、流転する質料＝可感的なものと、学の対象となる可想的なものの区別という、ギリシア哲学の文脈に位置づけつつ、イデアの起源は神の知性のうちにあると説明する。こうしたブルッカーによるイデアの起源の説明は、先行研究が指摘してきたように、アウグスティヌス以来のキリスト教的なイデア論解釈の伝統によって強く規定されている[5]。それではカントはこうした叙述をどこまで受けいれ、どう反応したのだろうか。

まずブルッカーの叙述では、プラトンは質料についての見解をヘラクレイトスから、イデアはピタゴラスから受け入れたとされていた。カントの遺稿や講義録でも、プラトンはヘラクレイトスやピタゴラスなど、先行者と関係づけられて論じられている。たとえば一七七〇年代のある「形而上学へのレフレクシオーン」では、ピタゴラスとヘラクレイトスの名前が列挙されたあとで、プラトンとピタゴラスは「知性的なものを可能な直観の特殊な対象にした」と指摘されている（XVII, 555f.：Refl. 4449）。同時期の他の「レフレクシオーン」では、同様の文脈でヘラクレイトスの代わりにパルメニデスの名が挙がる（XVII, 556：Refl. 4451）など、固有名詞には揺らぎがある。ただ、ブルッカーの論述と同様に、プラトン以前のギリシア哲学の伝統のなかから生じたものとして、イデア論をカントが意識していたことは確実である。もう少し後（八〇年代または七〇年代終盤）の「レフレクシオーン」には、「すでにプラトン以前に」ひとは知性的認識と経験的認識を区別し、「可想的な事物と可感的な事物の区別さえ行なっていた」とある（XVIII, 438：Refl. 6051）。さらに先に言及した講義録「哲学的エンチュクロペディー」では、「タブラ・ラサ」説と対立する、生得的な概念の存在を主張する哲学の立場について、「プラトンはもっとも際立った哲学者ではあったが、それでも最初の哲学者ではなく、それはピタゴラスであった」と指摘されている（XXIX, 14）。これがカントの発言に遡るものなら、カントはブルッカーと同様、イデア論は「ピタゴラスから」と考えていたようである。

このようにカントは、ブルッカーによるイデア論の叙述にも登場する、その背景をなすギリシア哲学の伝統をつねに意識しながら、イデア論を考えていた。その伝統とは、可感的なものと可想的なものの区別である。この区別は一七七〇年の「形式と原理」の基本的な視点をなすが、ここでもこの区別は「古代人の諸学派」(II, 392)に遡るものとして意識されている。問題は、そうしたイデア論とその背景をなす伝統に対するカントの評価であるが、「形式と原理」や『純粋理性批判』でのイデア論の受容と評価にもかかわらず、カントは多くの論点でイデア論とその背景をなす伝統に対し批判的である。まずブルッカーがピタゴラスの「数」を背景として叙述した、イデアと神の結びつきからカントは距離をとる。たとえば一七七〇年代の講義録「ポヴァルスキーの実践哲学」には、「プラトンの体系は神秘的であり、ピタゴラスの教えから生じたもののように見える」とある(XXVII, 105)が、こうした(おそらくブルッカーからの影響のもと)カントがプラトン哲学にふくまれると見た神秘説の傾向は、次節以降で見るように、カントのプラトン批判の主要論点となる。

またブルッカーがヘラクレイトスの質料説を背景に、プラトンのイデア論導入の動機として説明した、可感的なものと可想的なものの区別を、たしかに「形式と原理」以降のカントは受け入れる。ただそこで区別される両項にかんする、プラトンらの主張(とカントが考えたもの)に対し、カントは概して批判的である。ブルッカーの論述においてもそうであったように、可想的なものと可感的なものの区別が、学の対象であるものと対象でないものの区別と同一視されるなら、可感的なもの＝フェノメノンについての学は存在しえないことになるが、カントにはこの帰結が受け入れられない。「形式と原理」でもカントは、数学や自然学の存在を問題として、「感覚で捉えられるものについての学はある（*Sensualium datur scientia*）」と主張し、「エレア学派から着想を得て、フェノメノンについての学を否定したひとびと」を批判している（II, 398）。この批判は特定の人物を念頭においたものではないのかもしれないが、遺稿や講義録で「フェノメノンについての学」を否定した人物とされるのは、もっぱらプラトンである。たとえば「形式と原理」からそう遠くない時期（一七六〇年代中頃から一七七〇年代中頃のどこか）の「論理学へのレフレクシオーン」には、「プラトンは感性的なものと知性的なものの本質的な区別を主張した、だが知性的な学だけが存在すると教えた」とある（XVI, 63 : Refl. 1643）。また時代は下るが、一七九〇年代前半の講義録「ドーナの形而上学」では、「可感的なものについての学はなし（Sensibilium non datur scientia）」というものが「プラトンの命題であった」とされている。そしてこの命題が、フェノメノンについての学の存在を否定するものなら「不当である」と批判され、さらにより正当であるという、「可想的なものについての知解はなし」という命題が、「プラトンの命題」に張り合うように持ちだされてすらいる（XXVIII, 618f.）。つまりカントは、プラトンの主張だと考えた、可感的なもの＝フェノメノンを学の対象から除外することも、可想的なもの＝ヌーメノンを直観しうると考えることも、ともに拒絶する。なお『批判的哲学史』において前者の主張は、ヘラクレイトスの質料説を背景に、後者の主張はピタゴラスを先駆者として、プラトンに帰されていた。

　それではカントはプラトンのイデア論から、いったいなにを学んだのだろうか。可感的なものと可想的なものの区別は、カントの哲学史理解において、プラトンだけのものではない。カントが継承しようとした、プラトンのイデア論に固有の思想とはなにか。『純粋理性批判』刊行直前の時期（一七七六〜七八年頃）の「形而上学へのレフレクシオーン」には、次のように記されている。

その源泉と原像をたんなる理性のうちに持つことがありえるもの、つまり真なる完全性を、私たちが経験的な原理にもとづいて求めないようにすること。そのためにプラトンのイデアの教えは役立つべきであった。

（XVIII, 13 : Refl. 4862）

カントが「プラトンのイデアの教え」にかんして評価するのは、「真なる完全性」という理性にのみ由来するものをも、経験的な原理から導出することを退ける、批判的・対抗的な態度であった。言い換えれば、感覚や経験に由来するものだけが人間の認識や概念のすべてではなく、それらとは別の起源をもつものの余地を確保しようという、控えめなものである。そして「すべては感覚や経験に由来するか」という問いに「否」と答えた哲学者としてプラトンを呼び出すのは、近代哲学においてすでに偉大な先例がある、近代哲学的なプラトン評価であった。

第二節　ライプニッツ——イデアと生得観念

アリストテレスは経験論者の頭目、プラトンは理性論者のそれと見なしうる。ロックは近代において前者に、ライプニッツは後者に（プラトンの神秘的体系から十分に距離をとってはいたが）したがったが、この抗争においてもなお、いかなる裁決も下すことができなかった。

（A 854 /B 882）

「形式と原理」の成立に影響を与えた書物として、一七六五年にR・E・ラスペが刊行した、ライプニッツ『人間知性新論』が挙げられることがある。(6)『人間知性新論』から「形式と原理」直前のカントへの影響関係にははっきりしないことが多いが、右に引いた『純粋理性批判』の「純粋理性の歴史」章の文章での、プラトン－ライプニッツの系譜とアリストテレス－ロックの系譜を対立させる図式に、ロックの説は「アリストテレスに近く」、ライプニッツ自身の説は「プラトンに近い」とする、ライプニッツ自身の『人間知性新論』「序文」の論述(7)からの影響が認められることは、明らかであろう。(8)さらにカントはプラトンのイデアとライプニッツにおける生得的な「観念（idée）」を重ねあわせて論じており、後者がカントのイデア論理解に影響を与えているようにも見える。本節ではこの点を検討したい。

『人間知性新論』の「序文」からの影響と考えるのが自然なカントの見解は、上の図式だけではない。たとえば一七九〇年前後の講義録「シェーンの形而上学」では、ライプニッツがアリストテレスやロックと一致できなかった論点として、「諸観念をもっぱら感性から導出すること（die gänzliche Herleitung der Ideen aus der Sinnlichkeit）」が指摘されている（XXVIII, 466）。こうしたライプニッツとアリストテレス－ロックの対立点の理解には、『人間知性新論』の「序文」に登場する、ロックとアリストテレスの言うようにこころはタブラ・ラサであり、「こころに記される一切のものは、もっぱら感覚と経験に由来する（vient uniquement des sens et de l'expérience）のかどうか」という問いの、正確な反映が認められるようにおもわれる。そしてライプニッツはこの問いに「否」と答える点で、プラトンに賛同し、またカントにとっても「プラトンのイデアの教え」は、前節の最後に見たように、真の完全性をも「経験的な原理にもとづいて求めないように」するために役立つべきであった。ライプニッツとカントのプラトン評価のポイントは合致しており、この点でカントはライプニッツの影響下にあったとも考えられる。

また二人がプラトンを批判するポイントにも一致が見られる。本節の冒頭の引用文には、プラトンとライプニッツの連続性の指摘とともに、ライプニッツが「プラトンの神秘的体系」から距離をとった、という留保もある。同様の指摘は『純粋理性批判』に近い時期の形而上学の講義録にも見られ、「ライプニッツは生得概念を主張したが、プラトンの神秘的なものを脱落させた」などと指摘されている（XXVIII, 372, vgl., XXIX, 761）。ライプニッツが拒絶したという、「プラトンの神秘的なもの（das Mystische des Plato）」とはなにか。カントは『純粋理性批判』のイデア論にはじめて言及する箇所で、すぐに想起説を紹介している（A 313 / B 370）が、想起説こそがカントにとっての、プラトンのイデア論における「神秘的なもの」の核心である。たとえば『純粋理性批判』刊行の前後の時期の、次節でも取りあげる「哲学的狂信」を主題とする一連の「形而上学へのレフレクシオーン」では、プラトンの「古いイデアをふたたび想起すること」（XVIII, 435 : Refl. 6050）や「かつての直観の想起」（XVIII, 437 : Refl. 6051）が、あらゆる哲学的な神秘主義の原点とされている。それゆえライプニッツによる「プラトンの神秘的なもの』の拒絶について語るさい、カントが念頭においていたのは、カントが読むことができなかった『形而上学叙説』でのそれとちがって批判的な、『人間知性新論』でのライプニッツによる想起説の評価ではないだろうか(10)。

このようにカントは、プラトンとライプニッツをたんに同傾向の哲学者として並置していただけでなく、ライプニッツからプラトンの評価と批判のしかたを学び、いわばライプニッツをとおしてプラトンを見ていた面がある(11)。ここで問題は、この両者に対するカントの態度である。

カントはアリストテレス－ロックの系譜に対抗して、感覚や経験に由来しないイデアや観念（idée）の存在を主張する点で、プラトン－ライプニッツの系譜を評価する。ただ後者の系譜に対してカントは、そうした感覚に由来せず経験の外部にあるものについて、その起源と妥当性をどう説明するのかを問題にする。この点でカントはライプニッツに二とおりの評価をさまざまな箇所で与えている。つまりライプニッツは（想起説は採らなかったが）プラトンと同様の神秘説・狂信に陥ったと見るか、あるいはプラトンの神秘説は回避したが、上の問題に説明を与えなかったと見るか、である。ただ前者のケースのように、ライプニッツにプラトンと同様の神秘説の傾向が指摘される場合でも、それは事実にもとづく認定というより、カント自身の議論の枠組みに由来する見解であったようにおもわれる。ここでも前節で見た、可感的なもの／可想的なものの区別の理解が、中心的な争点となる。一七七〇年代後半の「形而上学へのレフレクシオーン」には次のような文章がある。

生得観念についての教え（die Lehre von ideis connatis）は狂信へ導く。獲得的なものはア・プリオリに獲得されたものか、ア・ポステリオリに獲得されたものであるかだが、前者はつねに知性的であるわけではない。それゆえ感性的認識と知性的認識への認識の区分ではなく、ア・プリオリな認識とア・ポステリオリな認識への区分が第一のものである。ア・プリオリな認識は感性的であるか知性的であるかである。……

プラトンはあらゆるア・プリオリな認識を知性的と見なした。ライプニッツも同様であって、それゆえ空間と時間という感性的なものを知らなかった。ライプニッツは感性的なものをも、知性的ではあるが混乱したものと見なした。

（XVIII, 8f. : Refl. 4851）

生得観念説は狂信に導く。カントはそう断言したうえで、「ア・プリオリに獲得されたもの」と「知性的」なものの同一視を退ける。カントはア・プリオリだが感性的な認識が存在すると考えるからである。ゆえにア・プリオリ／ア・ポステリオリの区別は、知性的／感性的の区分と重ならないことになるが、これらの区別を同一視した哲学者として、プラトンとライプニッツが批判される。彼らはともにア・プリオリ＝知性的と考えたとされ、とくにライプニッツが「空間と時間という感性的なもの」を独立した次元と認めず、混乱した知性的なものと考えたことが問題とされている。

のちにカントは、プラトン（学派）と同様にライプニッツは、「根源的な、とはいえ現在はただ曇らされている知性的な直観作用」（VIII, 248）や、「イデア（Ideen）と呼ばれる生得的な純粋悟性直観」（VII,

141 Anm.）といった、プラトン的な（とカントが考えた）知的直観を認めたと見なすようになるが、これも同様の問題からの帰結である。前者の引用箇所をふくむ論考「『純粋理性のすべての新たな批判は、古い批判によって無用とされるべきである』という発見について」（以下、「無用論」とも略）の文脈では、（1）「直観は客体にかんしてまったく知性的」であって、「感性はただ混乱したありかたに存する」か、それとも（2）「直観は知性的ではない」が、それでも感性的な直観は「いつでも最高度の判明性を持ちうる」か、どちらかの選択肢しかありえないと指摘されている（VIII, 219）。つまり感性が「最高度の判明性」を持ちうる、知性から独立した認識源泉であると考えない者は、カントの二者択一では必然的に（1）の立場に属し、知的直観を説く者であることになる。そして一七八〇年代の形而上学の講義録には、「直観による知性的なものを私たちは神秘的と呼び、概念による知性的なものを私たちは論理的と呼ぶ」が、「プラトンは神秘的な知性的なものを、アリストテレスは論理的な知性的なものを主張した」とある（XXVIII, 371, vgl. XXIX, 759f.）から、カントにとっては知的直観を認めることは、プラトン的な神秘説を採ることにひとしい。

　ここまでの議論を整理すると、生得的と獲得的、ア・プリオリとア・ポステリオリ、知性的と感性的という三つの区別が同一視され、獲得的だがア・プリオリな感性的認識という、カント哲学に独自の次元が知られていない場合、経験に依存しないア・プリオリな認識の存在を説く者は、その認識を生得的かつ知性的な認識と見なさざるをえない。またその者は同時に、直観こそが「認識がそれをとおして対象に直接に関係する」ものである以上（A 19 / B 33）、知的な直観を説くことになり、知的直観こそ、カントにとってはプラトンに遡る「神秘的な知性的なもの」の典型である。「生得観念についての教えは狂信へ導く」という発言や、ライプニッツが「生得的な純粋悟性直観」を説いたという認定の背後には、こうした論理があったはずである。またこう考えることで、カントのプラトン像の輪郭も明確になる。前節で見たようにカントは、プラトン哲学の神秘性を指摘する一方で、「可感的なものについての学はなし」という「プラトンの命題」を批判するが、こうした神秘説と可感的なものの学の否定は、カントにおいてたがいに独立した主張ではない。ライプニッツを媒介とすることでよく見えるように、感覚や経験に依存しない真理を、感性的だがア・プリオリという次元に訴えずに確保しようとする者は、カントの論理では、必然的に可感的なものについての学を否定し、またプラトン的な神秘説に接近することになるのだ。

こうした批判すべき点だけでなく、評価すべき点でもライプニッツはプラトンに重ねあわされる。「無用論」では、ライプニッツの語る「ある種の概念が生得的である（das Angeborensein）」という表現は、あくまで「経験的な源泉しか認めないロックに対してだけ（blos gegen Locke）」用いられたのであり、文字どおりにとるのは不当な理解であるとされる（VIII, 249）。またこのように生得性の主張を対ロックの文脈に限定することが、カントにとっては「ライプニッツ自身に対する本来的な弁明」（VIII, 250）であることになるのだが、「プラトンのイデアの教え」との、評価のしかたの同型性は明らかであろう。プラトンのイデア論も、ライプニッツの生得観念説も、カントにとっては「経験的な源泉しか認めない」アリストテレス－ロックの系譜に対抗する点に、その真価がある。

さて『純粋理性批判』のカントは、プラトンによるイデアの「神秘的な演繹」に言及し、この「演繹」に自分はしたがわないと断っている（A 314 / B 371 Anm.）。カントがこの「神秘的な演繹」までも、ライプニッツに帰することはなかったようだが、むしろ「演繹」の不在のゆえに、カントはライプニッツを批判することがある。一七八〇年代の形而上学の講義録では、ライプニッツは「私たちは、感覚能力から借り受けたのではない概念を持つ」と説いたが、「けれどもライプニッツは、それではどこで知性的なもの（die Intellectualia）は生じてくるのかについて、十分な証明を持たなかった」と指摘され（XXVIII, 376）、また「私たちが感官によらずに持つ悟性概念が、感官の対象にかんして妥当性を持つということが、いかにして成り立つのか」について、ライプニッツはなにも語らなかったとされている（XXIX, 763）。生得観念の起源と対象に対する妥当性の証明が、つまり批判哲学の用語でいえば生得観念の（それぞれ形而上学的／超越論的な）「演繹」が、ライプニッツには欠けているというのである。カントの見るところでは、ライプニッツの生得的な観念（idée）の説は、プラトンのイデア論と同様の、継承すべき（「ロックに対して（gegen Locke）」の）真理と、神秘説や狂信への傾向をふくむが、プラトンのようなイデア／観念の「神秘的な演繹」は欠いている。この「神秘的な演繹」の継承者とされるのは、ライプニッツとはまた別の、西洋近代の哲学者である。

第三節　マルブランシュ――想起説をも越えて

プラトンは、神性についての精神的なかつての直観作用が、純粋な悟性概念と諸原則との源泉であると見なしました。マルブランシュは、今もなお続く不断の、この根源的な存在者についての直観作用がその源泉であると考えました。……これらの体系のうち、前者は超自然的流入……とよぶことができるでしょう。（X, 131）

「形式と原理」の立場が反省されるとともに、カテゴリーの「演繹」の原型的な問題が論じられる、カント哲学の発展史上きわめて重要な一七七二年二月のM・ヘルツ宛書簡で、カントはこのように書いている。話題は経験に由来しない純粋な概念や原則の、起源と妥当性の問題であり、プラトンとマルブランシュが、神性の直観により起源の問題に答える「超自然的流入」説として、ひとくくりにされている。カントは先立つ「形式と原理」で、マルブランシュの哲学の中心命題「私たちはすべてのものを神において見る」に論及していたが、カントがこの命題に著作で言及するのは「形式と原理」が最初で最後である。ヘルツ宛書簡での議論の構図から考えても、「形式と原理」の前後の時期のマルブランシュへの関心の高まりは、イデア論受容と連動したものに見える。

さらにヘルツ宛書簡に見られるプラトン－マルブランシュという図式は、同時期（一七七〇～七一年ごろ）の「形而上学へのレフレクシオーン」では、アリストテレス－ロックの系譜と対置されている。つまり「理性のレアールな原則」の説明様式を問題とする文脈で、「ロックはアリストテレスのように自然的流入によって、プラトンとマルブランシュは知的直観から」その根本命題を説明したとある（XVII, 492 : Refl. 4275）。一七七〇年代の初頭には、認識の起源をめぐるアリストテレス・ロックの説に対置される立場の代表者として、プラトンとならびマルブランシュが意識されていたのである。

前節では「プラトンとライプニッツ」という構図をもとに、後者の観念（idée）の理論がカントのイデア論理解に影響をおよぼしている可能性を検討した。同様にカントの議論に「プラトンとマルブランシュ」という図式も見られる以上、マルブランシュの観念の理論がカントのイデア論理解に影響を及ぼしている可能性も考えられる。マルブランシュは、近代哲学の「観念（idée / idea）」を、アウグスティヌスを介してプラトン的な「イデア」へと回帰させた思想家とも紹介されるが[12]、かつてハイムゼートが指摘していたように、カントが「プラトンとマルブランシュの神秘的直観」について語るさい、カントはこの二人の哲学者を明確に区別できていない[13]。カントのイデア論理解の源泉としてマルブランシュを重要視する研究はあまりないが[14]、本節ではカントのイデア論理解へのマルブランシュからの影響の可能性を探りたい。

前節で確認したようにカントは、プラトンの発想の継承者と見なすライプニッツを、アリストテレスの経験論の継承者と見るロックに対置していた。プラトン－マルブランシュという系譜関係があるなら、

「マルブランシュとロック」という対置の図式も考えられそうだが、これはたしかに「ロックとライプニッツ」に比べれば目立たないものの、カントのテクストに存在する。主に形而上学の文脈に登場する「ロックとライプニッツ」に対し、「マルブランシュとロック」は論理学関係の講義録に見られる。たとえば唯一カントの生前に刊行された『イエッシェ論理学』には、「マルブランシュとロックは、本来的な論理学を論述しなかった、というのも彼らは認識の内容と概念の起源をもあつかったからだ」(IX, 21) とある。そしてこうした「マルブランシュとロック」にかんする発言は、これ以外の論理学関係の講義録でも断続的に登場し、「さらにマルブランシュとロックだが、彼らは認識の内容についても語るから、本来的な論理学をあつかわなかった」(XXIV, 509)、「マルブランシュとロックの著作は悟性の形式よりも、内容をあつかった。彼らの著作は形而上学のための予備練習である」(XXIV, 796) などと指摘されている。マルブランシュとロックは認識の内容や概念の起源についても語るから、その仕事はカントにとって本来的な意味での論理学ではなく、形而上学 (の予備学) に属するというのがカントの認定である。

カントにとって論理学とは、「すべての思考の形式的な規則だけ」をあつかう学であるから、そこには本来、「認識の起源についての形而上学的な章」は属さない (B VIII f.)。もちろんカントの構想する「超越論的論理学」は認識の起源も問題とするのだが、「一般論理学はこうした認識の起源にはかかわらない」のである (A 56 / B 80)。

マルブランシュとロックの仕事は以上のような一般論理学の枠組みには収まりきらないし、また両者の仕事は形而上学の予備学だと見るカントは、自分の超越論的論理学の主要課題と同じ次元で対立しうる「起源」の問題への取り組みを、両者の仕事に認めていたようにおもわれる。実際、『純粋理性批判』の「超越論的論理学」の中心的課題であるカテゴリーの演繹の導入箇所で、カントはロックがこころみたという「自然学的な導出」や「経験的演繹」に言及し、これと対照させながら自分の「超越論的演繹」の課題を説明していた（A 86f. / B 119)。このロックと対比され、「演繹」の原型をなす課題が登場する書簡ではプラトンとともに「超自然的流入」説に分類されたマルブランシュは、「演繹」をめぐるカントの思考のなかで、ロックの「経験的演繹」の対極にある、プラトンの「神秘的な演繹」（A 314 / B 371 Anm.）の継承者として位置づけられていたのではないだろうか。

カントがこうした対極的な「演繹」のこころみを見出した著作は、ロックの場合は『人間知性論』（のラテン語訳）であり、マルブランシュの場合は『真理探究論』であった。「マルブランシュとロック」という図式が登場しない論理学関係の講義録では、代わりにマルブランシュの『真理探究論』への言及が見られる。ある時は「マルブランシュは彼の『真理の探究』によって多くの利益を」論理学に与えたとされ（XXIV, 337)、また別の講義録には「マルブランシュは彼の作品である『真理の探究』において、論理学というよりは形而上学を書いた」とある（XXIV, 613)。つまりカントにとっては『真理探究論』が、本来的には形而上学に属するが論理学にも利益をもたらした、マルブランシュの作品である。またマルブランシュ『真理探究論』第四巻第十一章で展開される、神学的な観点から動物における感覚の存在を否定する議論[15]への言及が、カントの形而上学関係の講義録（vgl., XXVIII, 116, 690）や、『たんなる理性の限界内の宗教』（VI, 74 Anm.）に見られる。カントがマルブランシュの『真理探究論』の存在を知っており、また自分でくわしく研究したとはかぎらないが、[16] この本の基本的な性格といくつかの論点を知っていたことは確実である。

一七七〇年の「形式と原理」の前後の時期のカントが関心を寄せるマルブランシュ哲学の論点は、ほぼ一点にかぎられている。すでに言及したようにカントはこの作品で、「私たちはすべてのものを神において見る」というマルブランシュの命題に言及していた。そしてこの命題が登場する『真理探究論』の節でマルブランシュは、「私たちが持っている永遠真理についての知識によって、私たちはこの生ですでに（dès cette vie）神を見る」と説く。[17] こうした永遠真理やその観念（idée）の起源を神に求める発想が、一七七〇年前後のカントの関心の対象である。「この生ですでに神を見る」という発想をカントは、プラトンの「神秘的な演繹」の、つまり想起説の系譜に連なるものとして位置づけつつ、さまざまな遺稿で検討を加えているのである。

「形式と原理」第四章「可想界の形式の原理について」の末尾の「注解」でカントは、感性的直観や感性的世界の現われを、人間のこころの無限者への依存によって説明する考察を展開してみせ、「私たちはすべてのものを神において見る」という説は、「この注解で展開したものにきわめて近い」と指摘する（II, 409f.）。もちろんここでも、「マルブランシュのように、神秘的な探究の荒海に乗り出すことの危うさが指摘される（II, 410）ように、マルブランシュの議論に対し距離は取られている。それでもこの時期のカントは、永遠の真理やその観念（idée / Idee）の起源を神に求めるマルブランシュの議論に、議論の相手としての魅力を感じていたようにおもわれる。七〇年代初頭の講義録「ブロンベルクの論理学」には、次のような箇所がある。

プラトン、そしてマルブランシュは、「人間は神性とまったく特殊な合一のうちにある」ということを、仮説として仮定した。そうして、彼らが洞察するところの帰結が、そこから解明されうるかどうかを、彼らは見るのである。（XXIV, 222）

プラトンとマルブランシュが説くとされる「神性との合一」は、この哲学者たちが洞察する真理がそこから導き出せるかを検証するための、「仮説」であるという。ここにはこの時期のカントの、プラトンとマルブランシュへの態度を見るべきなのであろう。この時期のカントは、プラトンのものとされる神秘説も、マルブランシュの「神性との合一」も、経験に依存しない真理の問題を吟味し検討するうえで有益な、ひとつの「仮説」と見なしていたようである。

さてカントの議論でプラトンとマルブランシュが区別されるのは、神性への関与のありかたにおいてである。本節冒頭のヘルツ宛書簡にあったように、プラトンは神性の「かつての（ehemalig）直観作用」を説き、ゆえに現在ではその想起が必要となるのだが、マルブランシュは「今もなお続く不断の直観作用（ein noch daurendes immerwährendes Anschauen）」を説いたと、カントは考える（X, 131）。想起するまでもなく、「今もなお（noch jetzt）」／「この生ですでに（dès cette vie）」、人間は神性の「直観作用」に与かるというわけだが、こうしたプラトンの想起説からマルブランシュの直観作用への展開は、一七八〇年前後のものと見られる、「哲学的狂信」を問題とする一連の「形而上学へのレフレクシオーン」でくわしく論じられている。ここでは「すべての哲学的狂信の起源は、プラトンの説いた、すべての可能な客体の根源的で神的な直観のうちに、つまりイデアのうちにある」（XVIII, 437 : Refl. 6051）と、イデア論にすべての「哲学的狂信」の起源があるとされるが、プラトンのイデア論自体が「狂信」であったかには留保がある。つまりプラトンは「神との合一に由来する古いイデアを、ふたたび想起すること（Wiedererinnerung）」を説いたのだが、この主張自体は「まだ狂信ではなく、ア・プリオリな認識の可能性を説明するしかたにすぎない」（XVIII, 435 : Refl. 6050）とされる。問題はその先にある。プラトンの想起説からは、「今もなお（noch jetzt）神とのこうした合一と、このイデアの直接的な直観に与かるようになる（神秘的な直観）」という推測が生じ（ibid.）、また「すべてを今もなお神において直観する（alles noch jetzt in Gott anzuschauen）」と説く、「神秘主義という第一歩」が生じる（XVIII, 437 : Refl. 6051）。ここで想起説から生じる「神秘主義という第二歩」として念頭に置かれているのは、明らかにマルブランシュの立場である。

カントにとってマルブランシュは、プラトンのイデア論にふくまれていたとカントが考える神秘説の傾向を受け継ぎ、プラトンを越えて展開したとカントに見なされていた、近代の哲学者である。また逆にマルブランシュの神学的な観念の理論が、プラトンのイデア論についてのカントの理解に影響を及ぼしたと見る余地もある。そしてプラトンからマルブランシュへの展開は、神性の「かつての」直観作用の想起から「今もなお」続く直観作用へという論理で捉えられるが、ア・プリオリな認識を根本的に説明しうる理論としての魅力と、神秘主義への傾向という批判すべき特色の両面を備えたプラトン－マルブランシュの系譜が、立場の大きな転換が果たされた「形式と原理」から、理念論が成立した『純粋理性批判』にいたる時期のカントにとって、貴重な対話の相手であったのである。

おわりに

本章の課題は、一七七〇年の「形式と原理」の前後に起こった、カントによるイデア論受容の様子を、その源泉たりえた作品に照らして検討することであった。おそらくプラトン哲学についての知識の大部分を、プラトンの対話篇からではなく同時代の二次源泉から得たカントのイデア論理解は、かなり歪んだものにも見えるが、ともかくカントにとってプラトンの哲学とイデア論は、近代哲学の中心問題や自分の現在進行形の問題と密接に連関する、アクチュアルな存在であった。ブルッカー『批判的哲学史』でのプラトン哲学の論述に見られるイデアと学および神の結びつきは、カントのイデア論理解においても中心的な問題であり、カントが理解したかぎりでのプラトンの学問論および神秘主義との対話と批判は、カントにとって重要な思想形成の場であった。アリストテレスとロックの経験論の系譜に対する批判的視点は、プラトンのイデア論からライプニッツの生得観念説へ継承され、マルブランシュが近代における、神秘的とされるイデアの起源についてのプラトンの説明＝想起説の継承者である、というのがカントによる哲学史の枠組みである。プラトン本人についてのくわしい知識を持たなかったとおもわれるカントは、ライプニッツやマルブランシュと重ねあわせるかたちで、プラトンを見ていた傾向があることはこれまで指摘してきた。カントにとってのプラトンは、『批判的哲学史』をとおして見られたプラトンであったばかりでなく、ライプニッツの認識論的な課題意識や、マルブランシュの神学的な「観念」の理論が投影されたプラトンでもあったのである。

以上のイデア論受容の様子を、発展史的な観点から整理しなおして本章のまとめとしたい。カントは経験に依存しない学問的認識を可能にする概念の起源と妥当性という、「形式と原理」の時期から切実になった問題をめぐり、エレア学派からプラトンへ、そしてそこからマルブランシュやライプニッツへいたる思考の系譜（とカントが見なしたもの）と対話を重ねた。ここからカントは可感的なものと可想的なものの区別や、ア・プリオリな認識を説明する様々なアイディアを学ぶとともに、その系譜が内包すると見た、イデアや観念（イデー）の起源を神に求める神秘説の発想を一貫して批判しつづけた。『純粋理性批判』以降の理念（Idee）の理論は、こうした受容と批判を背景として成立したのである。カントは『純粋理性批判』の「純粋理性の理想」章冒頭で、「私たちにとって理想（Ideal）とされるものは、プラトンにとっては神的な悟性のイデアであった」と指摘し、プラトンのイデアに代わる「理想」概念を導入している（A 568 / B 596）。かつてハイムゼートはこの「理想」概念の導入箇所に、プラトンだけでなく従来の形而上学全体からの哲学の転換、「神学的に規定され、神という主題とともにはじまる形而上学から、原則的に有限な意識から出発する哲学への、根本的な転換」を指摘していた[18]。本章はハイムゼートの語る哲学の「転換」を、カントのイデア論の批判的受容の過程のうちに、あらためて確認したことになる。

なお『純粋理性批判』の「理想」概念の導入の箇所には、理想は「プラトンのそれのような、創造的な力を持たないにしても、それでもやはり実践的な力を（統制的原理として）持つ」という文が続く（A 569 / B 597）。神の知性から人間の有限な意識への、イデアやイデーをめぐる問題場面の転換は、同時に宇宙の創造から人間の実践への、哲学の主題の展開でもあった。『純粋理性批判』では他の箇所でも、実践的な理念の考察こそが、「哲学に固有の尊厳をなす」と説かれているが（A 319 / B 375）、そうした哲学の真の主題となる実践的理念とは、知恵であり、徳であり、カントにとってはプラトン的な共和国であり、人格的な「理想」である。こうしたカントの理念論は、二千年の伝統を一気に遡り、イデア論の源流の方角を指し示すものと見ることもできるだろう。その源流とはもちろん、真の知恵を持つ者を探し求め、日々徳について論じ、国家の正義にしたがい、たましいを配慮すべきことを訴えつづけた、ソクラテスの哲学である。

付論　その他の源泉について

本章ではブルッカー『批判的哲学史』、ライプニッツ『人間知性新論』、マルブランシュ『真理探究論』の三冊を、カントのイデア論を中心とするプラトン哲学の理解の源泉として取りあげ、そのカントへの影響の様子を、カントのさまざまな資料における発言を拾い集めながら検討してきた。この三冊を選んだのは、カントのさまざまな資料を検討するなかで、カントによるプラトンのイデア論受容に大きな影響を及ぼしたであろうことが見えてきたからであるが、先行研究においてカントのプラトン理解の源泉として指摘されてきたのは、これらのテクストだけではない。ここではそうした従来の諸説を簡単に紹介し、また筆者がそれらの説を積極的に採らなかった理由を示すことで、本章の議論を補っておきたい。

取りあげるのは、現在でも無視できない意味を持つようにおもわれる、以下の四つの説である。まずそれぞれことなる論拠から、カントによるプラトンの対話篇への直接的な接触を推測する、(1)本章の注1でも言及した、アカデミー版カント全集二五巻「序論」のR・ブラント/W・シュタルク説と、(2)M・キューン説、また(3)メンデルスゾーン『パイドン』をプラトン理解の源泉と見る、一九三五年のK・ライヒ説、(4)ルソー『演劇的模倣について』をイデア論理解の源泉とする、一九六三年のD・ヘンリッヒと一九六四年のK・ライヒ説である。

(1)のR・ブラント/W・シュタルクは、人間学関係の講義録が収録されたアカデミー版カント全集二五巻の「序論」で、一七七〇年代におけるプラトンの存在感の大きさや、「さまざまな対話篇への、数多くの正確な言及」の存在を指摘し、「(道徳哲学にかんする)プラトン主義者カントは、幾度も明示的に言及し、そしてブルッカーに対して弁護する(IV: 201; A 316)著者を、自分で読んだ」との、「自然な見解」に達しうると指摘している。[19](2)のキューン説はのちほど紹介する。(3)の一九三五年のK・

ライヒは、「形式と原理」にいたる時期のカントに倫理学上の立場の転回をもたらしたものとして「プラトニズム」を、またそのプラトニズムの源泉として、一七六七年にメンデルスゾーンが刊行した、プラトン『パイドン』の改作をふくむ翻訳（むしろ翻訳をふくむ改作）である、『パイドン』を挙げる。カントがこの作品を評価していたことは、『純粋理性批判』第二版の「誤謬推理」章で取りあげ対決していたことからも明らかであり、「形式と原理」と『純粋理性批判』に見られる、実践哲学にかんしてのプラトン評価を、「カントはプラトンの『パイドン』のメンデルスゾーンによる翻案（Wiedergabe）の読書に負っている」と、一九三五年のライヒは主張していた。[20]

ただ、その後のライヒは一九六四年の論文で、（3）の説との関係についてはなんの説明もしてないが、（4）の説を提示している。つまり『国家』篇第十巻を中心とする、プラトンの「模倣」をめぐる論述の、自由な翻訳と改作を抜粋した小品である、ルソーの一七六四年の『演劇的模倣について』が、カントのイデア論理解の源泉であると主張するのである。そこで主な論拠とされるのは、カントの講義録「ダンチヒの合理神学」のある箇所である。つまりこの講義録には、「事物の原像」としての理念を問題とする文脈で、「ルソーは、家の建築には三種類のものが属するという。（1）建築者の頭のなかにある理念、（2）イメージ（imago）、家の像……（3）現われ（apparence）、家がどのように現れるか、である。ここでルソーは美しい応用をする。道徳学者は徳を理念において表象し……（3）詩人もしくは劇作家は、徳がどのように現れるかを、たんなる現われを表象するにすぎない」という記述がある（XXVIII, 1274）。この記述は、詩作と劇作の批判を主題とするルソーの小品『演劇的模倣について』に、カントの記憶ちがいを推測させる程度にやや不正確なしかたで、対応する。ライヒはこうして今度は、「形式と原理」にいたる時期のカントの倫理学上の立場の激変を、ルソーの小品をつうじたプラトンのイデア論の受容によって説明する。[21] ライヒのこの論文の前年にはD・ヘンリッヒも、同じ「ダンチヒの合理神学」を論拠としつつ、ルソーの同じ作品を「イデア」についてのカントの理解の源泉として挙げており、[22] C・ピシェもこのヘンリッヒ・ライヒ説にしたがっている。[23]

まだ触れていない（2）のキューン説もふくめて、これらの諸説を筆者が積極的には採らなかった理由は、以下のとおりである。

まず（1）について。アカデミー版カント全集二五巻には、講義録本文の内容に対応する作品などを指示する、欄外の注記が付いており、そのなかにはプラトンの対話篇を指示しているものもいくつもある。その多くの箇所は筆者には、プラトンの対話篇の直接の読書を前提としなければ説明できないものとはおもえないのである。たとえば「ソクラテスは、「私は自分の聴講者の思想の産婆である」と言う」(XXV, 480) という程度の知識であれば、なにも『テアイテトス』を直接に読まずとも得られたであろうし、また「プラトンは、「哲学者のもっとも高貴な仕事は、イデアを展開することである」と言う」(XXV, 551) や、「古代人のある者は、「天才と狂気はたがいにまったく疎遠なものなのではない」と言う」(XXXV, 1059) といった、あまりにも漠然とした発言が、『国家』や『パイドロス』の読解に裏打ちされたものであるようにも見えない。筆者の見るかぎりでは、一七七〇年代の人間学関係の講義録で、プラトンの対話篇との対応を考えるのが自然であるようにおもえるのは一箇所、一七七二／七三年冬学期のコリンズによる講義筆記録における、「プラトンは見事にも、「詩人たちは徳のたんなる像を画くにすぎない。それゆえに人間たちも、ただ徳の模倣を求めるだけであり、徳の本質は求めないのだ」と言う」(XXV, 82f.)という箇所である。これは注記で指示されているように、おそらくはプラトン『国家』第十巻の、いわゆる詩人追放論に言及しているのであろう。これもここだけなら直接の対応を考える必要はないかもしれないが、一七八一／八二年冬学期の講義録「人間論」にはよりくわしい、次のような詩人追放論への言及がある。「プラトンは彼の構想した共和国について、音楽はそこにあるべきだと言ったが、詩は追放した……というのも詩人は徳と悪徳を、つねに感覚におもねるようなしかたで記述し、ことがらの真の特性を示さずに、その仮象を示すだけだからである。こうして詩人は仮象をことがらのかわりに立て、その結果として、ひとびとが仮象によろこびを覚えはじめるようになるのである」(XXV, 994)。ここからはプラトン『国家』第十巻の議論についてのある程度の知識を推測するのが自然であるようにおもわれる。またその同じ「人間論」には、「ソクラテスは、毒杯を仰がねばならない日に鎖を解かれ、鎖の圧迫によって痒くなった箇所を掻いていたときに、「このように苦痛にはよろこびがつづく」と言った」(XXV, 1080)という箇所がある。この箇所も、プラトン『パイドン』におけるパイドンによる回想部分の冒頭の知識を前提としなければ、説明がつかないだろう。

ただ、プラトンの『国家』第十巻と『パイドン』の序盤の知識であれば、プラトンの対話篇の直接の読書を前提としなくても、この補論でもすでに言及したふたつの翻案、ルソー『演劇的模倣について』とメンデルスゾーン『パイドン』によっても説明することが可能である。実際、『演劇的模倣について』

には、「ホメロスにはじまるあらゆる詩人たちは、その描写において、徳や、才能や、魂の特性の模範を私たちに示すのではなく……異質な対象から引き出された、そうしたあらゆる対象のイメージを示すにすぎない……こうして人々は対象のイメージを……対象そのものと見なすのである[24]」や、詩人に対応する、模倣をこととする画家は、「対象の真実を正確に表現しようとすらせず、現われ（apparence）を表現する。画家はその対象について、いかにあるかではなく、いかにあるように見えるかを描く……画家は観察する者の眼にとって快い、もしくは醜い同じ対象を、自分に都合のいいように表現するのである[25]」といった箇所、さらには「自尊心を誘惑しつつ、感覚におもねる（flatter le sens en séduisant l'amour-propre）[26]」という表現など、カントの人間学関係の講義録の論述との対応が取れる叙述が登場する。またメンデルスゾーンの『パイドン』も、パイドンによる回想部分の冒頭については、ほぼプラトン『パイドン』にしたがっており、パイドンたちを迎えた最期の日のソクラテスに、「ひとがよろこびと呼ぶものは、なんと奇妙なものだろうか。なんと不思議なものだろうか。一見するとよろこびは苦痛の反対のようだが……まるでふたつの極にたがいに結合されているように、ただちにその反対の感覚を感じることなしには、これらの感覚のどちらも得ることができないのだ[27]」と語らせている。もちろんこうした箇所を挙げたからといって、カントがこれらの対話篇を直接に読んだ可能性を否定したことにはならない。ただプラトンの対話篇の読解を前提としなければ説明がつかないというカントの資料の箇所は、筆者には発見できず、ファースト・ハンドの知識を肯定する論拠も否定する論拠も持ちあわせていないため、（1）の説は積極的には採らなかった。

さて先の講義録「人間論」での、「苦痛にはよろこびがつづく」というソクラテスの発言についての言及が、メンデルスゾーン『パイドン』によって説明するとしても、(3)のライヒ説のように、この作品をカントのプラトン理解の源泉とまで考えることは難しい。メンデルスゾーンの『パイドン』は、プラトン『パイドン』の冒頭から、ソクラテスによる霊魂の不滅の最初の証明が終わるまでの部分に対応する「第一の対話」、シミアスとケベスによる反論と、シミアスへのソクラテスの応答をふくむ「第二の対話」、ケベスへのソクラテスの応答からソクラテスの死までの「第三の対話」からなる。ただメンデルスゾーンによれば、この作品は「翻訳と自分の論文の中間物(Mitteldinng)」であって、プラトン『パイドン』の表現や構成は利用しているが、「形而上学的な証明は、私たちの時代の趣味に合うように」整えている。また「第一の対話」はもっとも原作に忠実であるが、それ以降は「プラトンを完全に見捨てること」を余儀なくされ、「第三の対話」でのソクラテスには、「十八世紀に生まれた哲学者のように話させて」いるという。[28] カントがこうした「十八世紀のソクラテス」の語る思想を、プラトンのものと受けとめただろうか。

もちろん(3)のライヒもこうしたメンデルスゾーンの作品の特性を踏まえたうえで、その内容の分析にもとづいて、「メンデルスゾーンの『パイドン』のうちにプラトンの『パイドン』を読む」ことができると結論づけている。[29] ただメンデルスゾーンの作品の全体をとおして「イデア」や「イデアール」の概念は、C・シュヴァイガーの指摘するように、「主導的な役割どころか、そもそもなんの役割も果たしていない」[30]し、もっとも原作に近いはずの「第一の対話」でも、ライヒも認めているように、[31] ソクラテスの想起説による証明は完全に素どおりされている（もちろんシミアスに対するソクラテスの応答の場面でも、この証明は回帰しない）。ただイデアと想起説を欠いては、本章本論で再構成したカントのプラトン像は成り立たないのである。またカントが『純粋理性批判』第二版の「誤謬推理」章で取りあげ、その議論を読んだことは確実な、たましいの不滅の証明方法も、「第一の対話」で展開される。その証明の基本的な論理は、たましいは分割されえないから、ひとの死後には「無化されなければならないか、もしくは身体が死滅したあとにも概念を持つのでなければならない」という二択が成り立つが、自然は「唐突に、また移行なしに生じる」ような、存在から無への変化＝無化を引き起こすことができないから、たましいは存在しつづけるのでなければならない、というものである。つまりここで議論が主に依拠しているのは、連続律のように自然から飛躍を排除する「力と自然的な変化についての正しい概念」である。[32] それゆえ議論の水準だけを考えるなら、たしかにライヒの指摘するように、「まさにプラトンと同様に、自然的な変化の概念から純粋に存在論的に」証明が遂行されている、[33] と考えることができないわけでもないが、その「自然的な変化の概念」の内実は、原作のそれとは大きくことなる。生から死へ、また死から生への循環を説く、原作でのソクラテスの証明の根底にあったのは、「反対のものが反対から」という生成理解だからである。[34] そして『純粋理性批判』第二版の「誤謬推理」章のカントも、こうした証明をめぐってプラトンの名は出さず、メンデルスゾーンの議論として取りあげているのであった。

さてこの（3）のライヒ説にはすでに、M・キューンによる批判があり、キューンはその批判をとおして、（2）のプラトンの対話篇の読解を源泉とする説を提示する。キューンの整理によれば、メンデルスゾーンの『パイドン』は、「ヴォルフのイディオムにおけるプラトン」にすぎず、プラトン的な二元論にしたがおうとはせず、道徳的善や完全性の概念も内的な感覚から引き出そうとする。メンデルスゾーンの理論は、実際には「プラトンのイデア論と、魂と身体、知識と思いなし、思考と感覚の鋭い二元論の、完全な拒絶」なのである。そしてキューンは、カントがプラトン『パイドン』の翻訳を入手し、これをメンデルスゾーンの『パイドン』と比較することで、メンデルスゾーンの作品のうちに、ライヒの論じるようにプラトン自身をではなく、むしろプラトンから区別されねばならず、またプラトンをそこから救い出すべきものを見出した可能性を推測する。さらにキューンの推測は、そうした比較と発見が、「形式と原理」におけるカントの、フェノメノンとヌーメノンの区別という「古代のもっとも崇高な企図」の賞賛と、この区別を認識の判明性の程度のちがいに還元するヴォルフへの批判（II, 395）の背景にあったのではないか、というところにまでおよんでいる。[35]

この推測は仮説としては大胆で魅力的なのだが、やはり物証を欠いており、本論では採ることができなかった。ただその後のキューンは、「カントはプラトンを自分で読んでいたようにおもわれる」と指摘しつつも、「形式と原理」に見られるプラトニズムの発想であれば、R・カドワースらケンブリッジのプラトニストの作品にも見いだされることを認めている。[36] カドワースの『宇宙の真の知的体系』（の一七三三年のラテン語訳）が、カントのイデア論理解の源泉となった余地については、基本的にはブルッカー『批判的哲学史』を主要な源泉と考える他の論者も指摘しているが、[37] この影響関係についての調査は筆者の能力を越えており、本論では立ち入らなかった。

残るは（4）のルソー『演劇的模倣について』を採るヘンリッヒ・ライヒ説だが、講義録にその影響の跡が認められる以上、カントがこの小品を読み、またプラトンのイデア論についてなんらかの知識を得たことまでは、確実であろう。ただ、プラトン『国家』第十巻の文脈でイデアが問題とされているとはいえ、この小品では、メンデルスゾーン『パイドン』の場合と同様、イデア論と想起説の関係も、またイデアと学問的認識の連関も、話題とならない。本論で見てきた、カントのイデア論を中心とするプラトン哲学の理解の全体を、この小品だけから説明するのはとても不可能であり[38]、またその主要な源泉のうちのひとつと見ることができるかについても、筆者はかなり懐疑的に考えている。

この説には年代的な問題もある。先に見た、ルソーの『演劇的模倣について』に論及していると考えられる箇所のある講義録「ダンチヒの合理神学」は、一七八四年のものと考えられている。ルソーの小品の刊行から二十年ほど、「形式と原理」での立場の転換からも十五年ほど経過した時期のものなのである。もちろんカントによるルソーの議論の紹介には、だいぶ以前に読んだことを推測させるかなりの原文からの逸脱と記憶ちがいが認められるから、カントが「形式と原理」以前に読んだと想定することができないわけではないが、やはり物証を欠く推測の域を出ない。そこでライヒは、「理念はたんに知性（Verstand）のうちにあり、人間にあっては概念のうちにある。感性的なものはたんなる像である。たとえば家にかんして理念はあらゆる目的をふくむ（beym Hause enthält die idee alle Zweke）」という、「ダンチヒの合理神学」の叙述と同様の家の理念の例が出てくる、「道徳哲学へのレフレクシオーン」六六一一番を論拠として持ちだす[39]。この六六一一番の「レフレクシオーン」はたしかに、アディッケスの推定によれば、「形式と原理」と同時期、もしくはそれ以前（κからλ、もしくはη段階）のものである。とはいえこれはシュヴァイガーがすでに指摘しているように[40]、同じアディッケスによる欄外の注記によれば、ライヒが論拠とする家の理念の例が登場する部分はこの「レフレクシオーン」に、七〇年代末、もしくは八〇年代（υ段階、もしくはχからψ段階）に追加されたものである（XIX, 108）。（4）のヘンリッヒ・ライヒ説の年代的な困難は、この「レフレクシオーン」を論拠としたのでは解消しない。

この年代にかんする困難は、この補論で先に見た、一七七二／七三年のコリンズによる人間学の講義筆記録における詩人追放論への言及が、『演劇的模倣について』からの影響によるものと指摘することができれば、かなり緩和されるのかもしれない（解消はしないが）。とはいえこの点について筆者にはなにかを確言する用意はなく、（4）のヘンリッヒ・ライヒ説も、本論では積極的には採らなかった。

註

〔1〕たとえばアカデミー版カント全集第二五巻「序論」のR・ブラント／W・シュタルク（vgl., XXV CXXIV）や、カントの新しい伝記の著者であるM・キューン（Kuehn, *Kant*, p. 470, n. 19. ／邦訳：八九一頁）など。

〔2〕先行研究で言及されている、これら以外の源泉の問題については、本章末の「付論」で検討する。

〔3〕主題的に「カントとプラトン」の問題を論じている研究での指摘に絞っても、Heyse, Kant und die Antike, S. 48, Mollowitz, Kants Platoauffassung, S. 18, Heimsoeth, Kant und Plato, S. 368, Santozki, *Die Bedeutung antiker Theorien*, S. 131. が挙げられる。

〔4〕 Johann Jacob Brucker, *Historia critica philosophiae*, Nachdruck: Hildesheim / New York, 1975. 以後同書からの引用には、略号Hcpとともに文中にページ数を示す。なお訳出にさいして、前註に挙げたMollowitzの論文内のドイツ語訳を参照した箇所が多い。

〔5〕 Vgl., Heyse, Kant und die Antike, S. 57, Mollowitz, Kants Platoauffassung, S. 50–58.

〔6〕 古典的論者にはカッシーラー（Cassirer, *Kants Leben und Lehre*, S. 102ff.）が、比較的近年にはT・K・スン（Seung, *Kant's Platonic Revolution*, p. 30ff.）がいる。

〔7〕 Leibniz, *Nouveaux essais*, S. 41.（邦訳：四頁）

〔8〕 たとえばH・クレンメは、『純粋理性批判』でのカントの哲学史理解における「ライプニッツとプラトンの結合」は、『新論』の著者自身に遡る」と指摘する（Klemme, *Kants Philosophie des Subjekts*, S. 26 Anm. 60）。近年ではサントツキーも、この図式について「その主要な源泉は確実にライプニッツであった」と断言している（Santozki, *Die Bedeutung antiker Theorien*, S. 99）。

〔9〕 Leibniz, *Nouveaux essais*, S. 42.（邦訳：四頁）

〔10〕 ライプニッツは『形而上学叙説』では、プラトンの想起説には「十分な堅固さがある」と指摘し（Leibniz, *Discours de metaphysique*, S. 451f.／邦訳：一三一頁）、ロック生前の「ロック氏の『人間知性論』について」でも、「私はアリストテレスのタブラ・ラサには賛成できない、プラトンが想起と呼んだもののうちにはなんらか堅固なものがある」と主張していた（Leibniz, Sur l'Essay, S. 16）。これに対し『人間知性新論』では「序文」で、「プラトン主義者たちの想起」は「まったく寓話的である」と指摘する（Leibniz, *Nouveaux essais*, S. 46／邦訳：八頁）ほか、本文でもテオフィルに、「私たちのすべての知識は想起に由来し」、本有的な真理は「以前のはっきりした知識の名残であるはずだ」というプラトン主義者たちの意見は、「なんの

基礎も持っていません」と発言させている（*Nouveaux essais*, S. 75／邦訳：三九頁）。

(11) ヴィエイヤール・バロンは、カントがプラトンに言及しはじめる時期（一七七〇年）と、ライプニッツの思考を理解しうる十分な文献が出回りはじめた時期（デュタンの大型版の出版が一七六八年、ラスペによる『人間知性新論』の出版は六五年、『人間知性新論』の独訳は七八年）の合致に注意を促している（Vieillard-Baron, *Platon et L'idéalisme allemande*, p. 58f.）。

(12) たとえば井上龍介は、マルブランシュは「人間の知性のうちに定位された近代的な「観念」を、アウグスティヌスを介してプラトンの超越的イデアへと差し戻したように見える」と指摘している（井上「解説」ii頁）。

(13) Heimsoeth, *Studien*, S. 194.

(14) 前世紀初頭ののF・ヘマンの研究が、カントのイデア論理解の源泉としてマルブランシュを挙げていた（Heman, Kants Platonismus, S. 89）。ただこの研究には問題点が多く、モローヴィッツ（Mollowitz, Kants Platoauffassung, S. 16）やサントツキー（Santozki, *Die Bedeutung antiker Theorien*, S. 130）は、ヘマンの主張の根拠不足を指摘している。

(15) Malebranche, *De la recherche de la vérité*, p. 467.

(16) J・フェラーリは、カントのマルブランシュの知識は簡潔な概要でも得られる初歩的なもので、「カントがマルブランシュの作品を読んだと、断言することを許すものはなにもない」と指摘する（Ferrari, *Les Sources Françaises*, p. 89）。

(17) Malebranche, *De la recherche de la vérité*, p. 343f.

(18) Heimsoeth, Kant und Plato, S. 352.

〔19〕 Brandt / Stark, Einleitung, S. CXXIV.

〔20〕 Reich, *Kant und die Ethik der Griechen*, S. 14–23.

〔21〕 Reich, Die Tugend in der Idee, S. 209–212.

〔22〕 Henrich, Über Kants früheste Ethik, S. 431 Anm.

〔23〕 Piché, Rousseau et Kant, p. 626f., cf., Piché, *Das Ideal*, S. 152ff.

〔24〕 Rousseau, *De l'imitation théâtrale*, p. 1202f.

〔25〕 Rousseau, *De l'imitation théâtrale*, p. 1197f.

〔26〕 Rousseau, *De l'imitation théâtrale*, p. 1199.

〔27〕 Mendelssohn, *Phädon*, S. 43.

〔28〕 Mendelssohn, *Phädon*, S. 8f.

〔29〕 Reich, *Kant und die Ethik der Griechen*, S. 17.

〔30〕 Schwaiger, *Kategorische und andere Imperative*, S. 89.

〔31〕 Reich, *Kant und die Ethik der Griechen*, S. 17.

〔32〕 Mendelssohn, *Phädon*, S. 73, 67.

〔33〕 Reich, *Kant und die Ethik der Griechen*, S. 17.

〔34〕 Plato, *Phaedo*, 71 A.（邦訳：四九頁） メンデルスゾーン自身は、自分の証明の論拠となった自然的な無化の可能性を否定する諸命題は、古代人も知らなかったわけではないが、「私たちの時代に適合した判明さで述べようとした」と断っている。Mendelssohn, *Phädon*, S. 134, 147.

〔35〕 Kuehn, The Moral Dimension, p. 386f.

〔36〕Kuehn, *Kant*, p. 470, n. 19.（邦訳：八九一頁）

〔37〕Tonelli, Kant und die antiken Skeptiker, S. 117 Anm. 29, Kreimendahl, *Kant*, S. 51 Anm. 163. ハイムゼートもケンブリッジのプラトニストたちの「宇宙の知的体系」における、カントと同様のIdeeの語の用例を指摘している（Heimsoeth, *Transzendentale Dialektik, Erster Teil*, S. 32 Anm. 41, vgl., S. 38 Anm. 48.）。

〔38〕サントツキーも同様に、ヘンリッヒ・ライヒ説について、「たとえルソーがなんらかの役割を演じたとしても」、「形式と原理」や『純粋理性批判』でのカントのプラトン像はルソーからだけでは説明ができないと指摘している。ただサントツキーの場合、筆者と視角を異にして、それゆえにキケロの役割が強調されるのではあるが（Santozki , *Die Bedeutung antiker Theorien*, S. 145）。

〔39〕Reich, Die Tugend in der Idee, S. 212. ヘンリッヒも、カントが『演劇的模倣について』を「ダンチヒの合理神学」の時期ではなく、一七六四年の刊行後すぐ読んだとする論拠として、「ダンチヒの合理神学」の論述に見られる『エミール』（一七六二年）の論点との混同による記憶ちがいを挙げたうえで、「追加の証拠」として、同じ「レフレクシオーン」を挙げている（Henrich, Über Kants früheste Ethik, S. 431 Anm.）。

〔40〕Schwaiger, *Kategorische und andere Imperative*, S. 90.

第三章　カントの理念論の生成

はじめに

本章に先立つ第二章において、源泉の問題の観点からその様子を検討したように、カントは一七七〇年の教授就任論文「可感界と可想界の形式と原理について」の前後の時期に、プラトンのイデア論をきわめて独特なしかたで受容した。本章ではその一七七〇年前後のイデア論受容から、一七八一年の『純粋理性批判』にいたる時期における、カントの理念論の生成の様子を考察したい。

一七七〇年の「形式と原理」においてカントは、哲学の第一原理を純粋知性によってのみ把握される「ヌーメノンの完全性（PERFECTIO NOUMENON）」に求め、これを理論的意味における「神」と、実践的意味における「道徳的完全性」に区分している。そしてこうした完全性の最大量が「今日では理想（ideale）と、プラトンにおいては（彼自身の共和国のイデアのように）イデア（idea）と呼ばれる」と説かれているように（II, 396）、ここで理論哲学と実践哲学の原理とされているのは、イデア的な完全性である。ここに一七六〇年代の経験論的な立場からの離脱と、批判期の理念（Idee）の理論への原点を認めることができる。かつて坂部恵は、こうした一七七〇年前後のカントの思想の展開を、「カントが地下の洞窟の「薄明」を離れて、地上なるイデアの世界へと決定的に姿勢を向けかえ、伝統的形而上学とその「理性」の枠組に向けてふたたび何ほどか「回心」し、上昇し、飛翔していった」と記述していた。(1)

とはいえ「形式と原理」の論述に認められるのは、イデアの世界のほうへと、たましいを向けかえはじめたばかりのカントの姿勢だけであって、その論述には『純粋理性批判』以降のカントの理念の理論における、基本的な枠組みの多くが欠けている。まずイデア的な完全性を理論的意味と実践的意味に区別しているとはいえ、イデアないし理念の、理論哲学と実践哲学における機能や意義の区別は論じられていない。また「形式と原理」は可感的なものと可想的なもの、感性と知性（intellectus）の二元論に立脚するが、感性から区別される知性において、カテゴリーの属する悟性（Verstand）と理念の帰属する理性（Vernunft）という、批判期における区別は示されていない。またそれゆえに、批判期には「純粋悟性概念」とされるカテゴリーと、「純粋理性概念」とされるイデアないし理念、そして「個体的な理念」

と定義される理想（Ideal）といった、純粋知性に属する諸概念の明確な区別も欠けている。

本章はこうした基本的ないくつかの区別の問題を中心に、一七七〇年代におけるカントの理念論の成立過程を考察する。もちろんいわゆる「沈黙の十年」のカントの思索の様子は、書簡や遺稿や講義録といった一長一短のある資料からうかがい知るよりほかなく、完全な再現は望むべくもない。本章では以上の資料といくつかの先行研究を手がかりにして、一七七〇年から一七八一年への大まかな動向を跡づけてみたい。そのことで、「形式と原理」の前後の時期のイデア論受容と『純粋理性批判』の理念論を、筆者なりの観点から繫ぎ合わせるとともに、整然とした印象を与える後者の理念論を、背後にある試行錯誤の過程と成立を促した主要なモチーフの観点から、あらためて考え直すことをこころみたい。

第一節　理論哲学と実践哲学における理念

まずプラトンのイデアを典型とする知性的な概念の、理論哲学と実践哲学での機能や意義の区別の問題を取りあげる。「形式と原理」では立ち入って論じられていないものの、その前後の時期の資料を見るかぎり、この区別にかんしては比較的早くからカントは意識していたようである。「形式と原理」の立場の問題点が立ちいって考察されている、一七七二年二月の有名なM・ヘルツ宛書簡にはすでに、理論と実践、形而上学と道徳（学）の文脈での、知性的な概念の意義にかんするカントの評価の非対称性が見られる。この書簡でカントは、感性から厳しく分離された「純粋悟性概念」や「知性的表象（die intellectuale Vorstellungen)」が、いかにして対象や事物に関係しうるのかという、認識理論にかんする難問が「形式と原理」の立場には残されていることを指摘する。そしてその解決のヒントを求めて、プラトンのイデア論と想起説や、前章第三節で見たように、プラトンの想起説の系譜に属するものとカントは見なすマルブランシュの認識理論が、検討されていくことになる（X, 130f.）。ただしこうした純粋に知性的な概念・表象と対象の関係をめぐる難問からは、「道徳において善なる目的を問題とする場合」は除外されている。善なる目的の表象をつうじて、人間の知性がその目的を実現するというしかたで、道徳において純粋な表象は対象とかかわりうるからである（X, 130）。つまり、J・シュムッカーが指摘していたように、この一七七二年の書簡で定式化され、この時期以降『純粋理性批判』にいたるまでカントが取り組み続けることになる、「表象とその対象のア・プリオリに妥当する合致という問題」は、こと道徳哲学の根本概念にかんしては「まったく存在しない」のである。[2] 同じ書簡でカントは、「道徳において感性的なものを知性的なものから区別することと、そのことから生じる諸原則については、私はすでに以前からかなりのことを成し遂げていました」（II, 129）と述べているが、認識理論の観点では深刻な難点を残す、「形式と原理」における徹底的な知性と感性の分離は、道徳にかんしては問題なく有効であるとカントは考えていたのであろう。

　また感性と知性の二元論に対応する「形式と原理」の二世界論において、現象の世界（可感界）の対をなす「可想界（mundus intelligibilis）」についても、カントは早くからその積極的な意義を道徳の領域に認めていたようである。アディッケスによれば「形式と原理」の前後の時期（一七六九年もしくは七〇年）

に由来する四一〇八番の「レフレクシオーン」にはすでに、「真に可想的な世界は道徳的世界である（Der mundus vere intelligibilis ist mundus moralis）」という一文がある。そしてこの可想的＝道徳的世界の形式の原理は万人に妥当し、そこから神へと推論することもできると論じたのち、ただしその可想界は「直観の客体ではなくて、反省（reflexion）の客体である」と付け加えている（XVII, 418 : Refl. 4108）。同じころの別の「レフレクシオーン」には、「あらゆる純粋な理性理念（Vernunftideen）は反省の理念である（論弁的な理念であって、プラトンが主張したように直観の理念ではない）」（XVII, 342 : Refl. 3917）とあるから、先の四一〇八番の「レフレクシオーン」で道徳的世界である可想界は直観の客体ではないと断っているのは、（カントの理解したかぎりでの）プラトンとの立場のちがいを示すためであろう。ともかく道徳的世界こそが真の可想界であるという発想は、これよりのち（一七七〇年代前半から中盤）の別の「レフレクシオーン」で、より具体的な内実を加えてくりかえされている。ここでは自然的世界は可感的であるのに対し、「（形式的に）道徳的な世界だけが可想的である」という指摘のあと、その可想界の形式は「ア・プリオリな自由の規則」であり、この世界は直観の対象としてではなく、「世界一般の諸英知に対する私たちの英知の実践的関係の対象」として、「真の概念であり規定された理念である：神の国。」と説かれている（XVII, 516 : Refl. 4349）(3)。

以上のように「形式と原理」の前後の時期に、プラトンのイデア論や二世界説をもとに導入した、感性から切り離された純粋に知性的な概念や、現象の世界から独立した可想界といった発想を、カントは「形式と原理」の執筆時期およびその直後から、とりわけ道徳において積極的な意味を持つものと考えていたようである。逆に道徳の原理もイデア的なもの、つまり理念に求められ、一七七〇年代の「レフレクシオーン」には、「あらゆる道徳性は、感覚からではなくて、理念から行為を導き出すことに存する」(XVII, 635 : Refl. 4671)、「あらゆる道徳性は理念にもとづく」(XIX, 108 : Refl. 6611) といった文章が登場する。一七七〇年前後のカントにとってのプラトンの重要性を、理論哲学の観点においてのみ考える従来の解釈者たちを批判しつつ、M・キューンが指摘するように、この時期のカントにとってプラトンが重要であったのは「主に道徳哲学の文脈においてのことであって、理論哲学における重要性は二次的なものにすぎない」[4] と考えることができるだろう。

「形式と原理」でイデア的な原理にもとづく純粋哲学とされたのは、道徳哲学と形而上学であった。「形式と原理」の論述ではふたつの学がイデア的な原理にもとづくものとして並列されているだけであったが、このふたつの学におけるイデア的で純粋な概念の関係も、比較的早くから、道徳哲学の側に優先を認める方向で考えられていく。「形式と原理」では知性概念の目的として、誤謬を防ぐ否定的な役割を果たす「論駁的 (*elencticus*)」なものと、積極的な「定説的 (*dogmaticus*)」なものがあるとされていたが (II, 395)、大雑把に言えばその後には形而上学における純粋概念に前者の役割が、道徳哲学における純粋概念に後者の役割が指定されていく。たとえば一七七〇年代初頭のものと推定されている講義録「フィリピの論理学」では、「ア・プリオリに与えられている純粋理性概念」は「純粋哲学の、つまり形而上学と道徳学の対象である」(XXIV, 452) とされるが、これらふたつの学が対象とする純粋な理性の概念は、ここではおそらくたんに並列されているのではない。同じ講義録のすこしあとの部分には、

「純粋理性の認識は　1道徳学においては定説的（dogimatisch）　2形而上学においては批判的（critisch）」とあるからである（XXIV, 481）。同時期（一七七二年）に由来する「レフレクシオーン」の、「純粋理性は意志の客体にかんしてだけ定説的（dogmatisch）であり、思弁にかんしては（たんに監視しつつ）浄化的（catharctisch）である」（XVII, 553 : Refl. 4445）という箇所も、道徳学において定説的で、形而上学においては批判的という、純粋理性の概念や認識の機能のしかたのちがいについて述べたものであろう。

道徳における理念としてカントがこの時期主に考えていたのは、一七七〇年代に由来する道徳哲学関係の講義録を見るかぎり、徳や知恵といった実践的な理念である。「理念とは理性の規則にしたがって産出される表象である。すべての徳という概念は理念である。知恵もまた理念にもとづく。賢明さはしかし経験の法則にもとづく」（XXVII, 176）、「徳は理念であり、だれも真の徳を所有できない。……だれもが、知恵に近づこうと努めるのと同様に、徳に近づこうとする。けれどもだれも最高の度には達しない」（XXVII, 463）といった箇所がその一例である。『純粋理性批判』において「徳の理念」は、プラトンのイデア論の紹介の文脈で最初に例として挙げられる典型的な理念であり（A 315 / B 371f.）、「知恵」もまた、理論哲学における理念は「ただの理念にすぎない」と言われざるをえないのに対して、「実践的理念はいつでもきわめて実り多く、現実の行為にかんして避けがたく必然的である」ことが主張される文脈で、その論拠とされる代表的な理念である（A 328 / B 384f.）。そして「理想」章の冒頭で指摘されるように、『純粋理性批判』のカントにとっても、「徳と、またそれとともにまったき純粋さにおける人間的な知恵は、理念である」（A 569 / B 597）。こうした実践的理念をめぐる発想はすでに一七七〇年代に準備されており、そうした理念に「あらゆる道徳性はもとづく」のである。

形而上学における理念について言えば、一七七〇年代の前半に由来する「レフレクシオーン」においてすでに、神と自由と来世の概念が「内的な重要性を有する三つの理性概念」として挙げられ、これらが「形而上学全体の崇高さの根拠」であるとされている。とはいえこうした理性概念の意義は形而上学の枠内だけで完結したものではない。「形而上学全体の崇高さ」を説く文の直後には、段落が改まって「理性のすべての認識は最終的には実践的な連関を持つ」という一文がつづくのである(XVII, 475f.: Refl. 4241)。さらに『純粋理性批判』「超越論的弁証論」に結実するテーマをめぐる考察が整備されていくにともない、こうした形而上学と実践哲学における理性概念・認識の意義と役割の関係についての基本的な発想は、『純粋理性批判』の論述に近いものに整えられていく。一七七〇年代後半の「レフレクシオーン」では、神の現存在、自由、来世の教説が「私たちの理性の実践的使用の確実な原理にもとづく」のであれば、形而上学は独断的な原理としては脱落するが、「形而上学はそれでも批判的に、偽形而上学(die pseudometaphysik)を防ぐのに役立つ」と論じられる(XVIII, 26: Refl. 4910)。さらに『純粋理性批判』刊行直前の、『純粋理性批判』「超越論的弁証論」に直結するテーマが論じられている五五五二番の「レフレクシオーン」は重要である。この「レフレクシオーン」では神、自由、不死性という三つの「無制約者(das Unbedingte)」が話題になっているが、ここでは実体、原因性、相互性という(関係の)カテゴリーを可想的なものに適用することで、それぞれ神と自由と不死性の認識が得られるというアイディアが示されている。とはいえそうした適用は「理論的認識のいかなる拡張ももたらすものではない」のであるが、ただ実践的観点においては、その適用により「実践的－定説的な認識」が生じるとされる。神、自由、不死性という「可想的なものに適用されたカテゴリー」は、形而上学的な認識をではなく、「実践的－定説的な認識を基礎づけうる」のである（XVIII, 221 : Refl. 5552）(5)。

以上見て来たように、プラトンのイデア論や二世界論をもとにカントが「形式と原理」の前後の時期に導入した、純粋に知性的・理性的な概念や可想界といった発想は、「形式と原理」のあと比較的早くから、さらに一部の発想については「形式と原理」が書かれたのと同時期から、道徳にかかわる実践哲学の文脈で真の意義と役割を持つものとして構想されていたようである。純粋な概念や認識は、まずは道徳において積極的な役割を付与され、形而上学においては道徳にかんする使用を保護すべき批判的な役割が与えられる。いわゆる「純粋実践理性の優位」や「純粋実践理性の要請」の発想は、一七八〇年代に刊行された著作だけに注意するかぎりではそのようにも見えるように、『純粋理性批判』でたましいや自由や神の認識が否定されたあとに、『実践理性批判』においてあとから付け足されたものなのではない。『実践理性批判』において定式化されることになる「純粋実践理性の優位」の基本的な発想は、すでに『純粋理性批判』を準備する一七七〇年代において、カントのイデア的なものをめぐる思考を主導していたのである。そして知恵と徳という道徳にかかわる実践的理念と、神、自由、不死（来世）という形而上学の主要な理念という、『純粋理性批判』に登場する諸理念も整理され、『純粋理性批判』「超越論的弁証論」の部分にかんする議論が整理されるにともない、後者の諸理念もその真の意義は道徳をめぐる実践的認識にかんするものであることが洞察されていく。可想的なものやイデア的なものの意義や役割についてのカントの思索は、比較的早く固まった実践哲学にかんする見解が全体をリードする役割を果たし、形而上学にかんする思想はそれを追いかけるようにして形成されていったようである。『純粋理性批判』のカントは、「プラトンは彼の理念（Idee）をとりわけ、すべての実践的なもの、つまり自由にもとづくもののうちに見いだした」けれども、「もちろん彼は自分の概念を思弁的な認識にも拡張した」と指摘していた（A 314 / B 371）。一七七〇年代のカントもまた、イデア的なものをまず「実践的なもの」のうちに見いだし、やがてイデア的なものをめぐる思索を「思弁的な認識にも拡張した」。このように見てよいとすれば、この『純粋理性批判』におけるプラトン像には、カント自身のイデア的なものをめぐる一七七〇年代の思索の秩序と様子が、気づかぬうちになにほどか投影されていたのかもしれない。

第二節　悟性と理性

批判期において理念は純粋な理性の概念であるとされ、純粋な悟性の概念であるカテゴリーから区別されるが、「形式と原理」の時期にはそもそも、悟性と理性の明確な区別が欠けている。「形式と原理」第三節では、主観の受容性である感性（sensualitas）に対し、感官によっては捉えられないものを表象する能力が「知性能力（理性能力）（*Intelligentia*（rationalitas））」であり、この知性能力にしたがう認識が「知性的もしくは理性的（*intellectualis* s. rationalis）」認識であると定義されており（II, 392）、悟性ないし知性

(intellectus / Verstand) と理性 (ratio / Vernunft) が、とくに区別されることなく等置されている。[6]

もちろん「形式と原理」以前のカントも悟性と理性という語を使い分けていないわけではないのだが、『純粋理性批判』以降のような区別には達していない。城戸淳によれば、[7] 前批判期のカントはドイツ啓蒙の用語法を引き継ぎ、悟性 (知性) を「判断」によって認識する能力、理性を「推理」によって洞察する能力と見なし、たとえば一七六二年の論文「三段論法の四つの格」では、推理とは間接的な判断にほかならないから、悟性と理性は「けっして別々の根本能力 (*Grundfähigkeit*) ではない」と指摘している (II, 59)。このように悟性と理性の根本的な区別が欠けるために、従属的な地位に置かれがちなのは、悟性ではなく理性である。同時期 (一七六二〜四年) に由来する講義録「ヘルダーの形而上学」における ように、「理性 (Ratio) は根本能力 (Grundvermögen) ではない、なぜならそれはたんに間接的に判断するのであって、ということは判断力から、悟性から解明されうるからである」(XXVIII, 83) と、理性の悟性に対する独立性が否認されたり、より早い時期 (一七五〇年代前半) の「レフレクシオーン」においてのように、理性とは事物の連関をその根拠によって判明に洞察するための「悟性の能力 (Fahigkeit des Verstandes)」である (XVI, 94 : Refl. 1726) と、悟性に属する能力のひとつとして位置づけられたりすることになる。

こうした悟性と理性の本質的な区別の不在は、おそらく「形式と原理」の後にもつづいており、そのため理念=純粋な理性の概念、カテゴリー=純粋な悟性の概念、という批判期の区別もまだ見られない。たとえば一七七〇年代初頭の講義録「ブロンベルクの論理学」には、「経験に由来せず、純粋理性だけにその起源を持つような純粋悟性概念がある」と、『純粋理性批判』以降の用語法から見れば混乱した（「純粋理性に由来する純粋悟性概念」という）表現が登場したり（XXIV, 118）、必然性と偶然性や原因と結果といった、のちのカテゴリーにあたるものが「純粋理性概念」と呼ばれたりもする（XXIV, 254）[8]。一七六九年の「レフレクシオーン」でも、のちにカテゴリーとされる概念（可能性と実体）が「理性の純粋な概念」と呼ばれているし（XVII, 365 : Refl. 3957）、先ほど言及した一七七二年二月のヘルツ宛書簡にいたっても、カントはのちのカテゴリーにあたる諸概念を「完全に純粋な理性の概念」と呼んでいる（X, 132）。純粋悟性概念としてのカテゴリーを踏み越えていく、純粋理性概念としての理念というカントの理念論の基本的な視点が確立するためには、理性が悟性から独立した能力としての地位を確保しなければならない。

一七七〇年の「形式と原理」においては、感性が知性から端的に独立した能力としての地位を確立した。そのためおそらくは、「判断」の能力としての悟性と「推理」の能力としての理性のあいだには程度の差があるにすぎないという従来の見解を温存したまま[9]、感性（感官）／悟性／理性という三つの認識能力を並べる記述自体は、すでに「形式と原理」の前後の時期の資料にも登場する。一七六九年の「レフレクシオーン」には、認識の実質を与える「感官」、現象の形式を与える「悟性」、概念の形式を与える「理性」という、感官／悟性／理性の構図が見られ（XVI, 83 : Refl. 1687）、おそらくその前後の時期の別の「レフレクシオーン」にも、「感覚する感官」、「判断する悟性」、「推論する理性」という図式が見られる（XVI, 12 : Refl. 1573）。とはいえ理性が悟性から明確に区別され、『純粋理性批判』以降のような感性／悟性／理性という構図が成立するのは、一七七〇年代半ばごろのことであろう。四六七五番の「レフレクシオーン」に悟性と理性の初めての明確な区別が指摘されたり（アリソン）[10]、四七五九番の「レフレクシオーン」に感性／悟性／理性の成熟した最初の区別の登場が指摘されたり（ガイヤー）[11]と、論者によって依拠する資料はことなるものの、これらの資料は一七七五年、ないし一七七五年からその直後にかけての時期に由来するものである。

前者の四六七五番の「レフレクシオーン」では、感性が「直観の能力」、悟性が「思考の能力」、理性が「対象が与えられることのないア・プリオリな思考の能力」と定義され、「悟性は感性と理性に対立する」と、悟性と理性の区別が明確に意識されている（XVII, 651 : Refl. 4675）。ただこの「レフレクシオーン」では、悟性と「対立する」という独自の能力としての理性の内実は十分に明らかにされてはいない。これに対し後者の四七五九番の「レフレクシオーン」では、悟性から区別されるかぎりでの理性の固有性が具体的に示されている。ここでは理性は「普遍的なものから特殊なものへ」、悟性は「特殊なものから普遍的なものへ」進むとされるが、悟性がかかわる普遍者は「経験的な使用あるいは自然的な使用」に属するのに対し、理性がかかわる普遍者は「自由な使用もしくは形而上学的な使用」に、さらには「道徳的な使用」にも属するとされる（XVII, 709 : Refl. 4759）。ここには可能的経験の枠内で内在的に使用される悟性の概念に対する、形而上学と道徳の領域に属する理性の概念、という『純粋理性批判』につうじる区分けが見られる。また『純粋理性批判』では「規則の能力」である悟性に対して、理性は「原理の能力」と定義され、理性による「原理からの認識」は、「特殊なものを普遍的なもののうちで概念によって認識する」ものと規定されることになる（A 299 / B 356f.）。この「レフレクシオーン」での「普遍的なものから特殊なものへ」という理性の特徴づけで問題とされているのも、『純粋理性批判』で示されているのと同じ理性認識の特性であろう。

四七五九番の「レフレクシオーン」ではさらに、理性のかかわる普遍者として、総体、単純なもの、自発性、必然的な現存在という、『純粋理性批判』の「アンチノミー」論の諸論点につうじる「無制約者」が登場する。そしてこれらの無制約者の存在を主張する命題は、多様な悟性認識の全体を統一する原理として「主観的に必然的である」とされるとともに、ここでも同時に「これらの諸命題は実践的にも必然的である」と付け加えられる（XVII, 710 : Refl. 4759）。前節の終盤で取りあげた、『純粋理性批判』直前の五五五二番の「レフレクシオーン」でも、神、自由、不死性という「無制約者」は、実践的認識の観点から考察されていたが、カント固有の理性概念と『純粋理性批判』「超越論的弁証論」のテーマと実践哲学、この三つの密接な連関は、理性が悟性から明確に区別される独立した能力としての地位を獲得しつつあった、一七七〇年代の中頃に遡るのである。

こうして、「あらゆる私たちの認識は感官からはじまり、そこから悟性へ進み、理性において終わるが、理性を越えては、直観の素材を加工して思考の最高の統一へともたらすべきより高次のものは、私たちのうちなにひとつ見いだされない」（A 298 / B 355）という、『純粋理性批判』のよく知られた感性／悟性／理性の秩序が成立する。ただし悟性と理性の関係をめぐる以前の発想が『純粋理性批判』でもまったく姿を消すわけではない。カルターの指摘するように、『純粋理性批判』「超越論的弁証論」の序論的部分の冒頭（カルターの言う「序論Ⅰ」、A 293–298 / B 349–355）では、「形式と原理」におけるような感性と悟性（知性）の二元論のもと、悟性と理性の語が本質的な区別なく用いられており、そうした論述が、悟性と理性の区別が強調されるそれ以後の論述（同じく「序論Ⅱ」、A298–340 / B 355–398）と、連関を欠いたまま並べ置かれている[12]。また理性を悟性に属する諸能力のひとつとする見解も消失したわけではない。七〇年代の人間学関係の「レフレクシオーン」には、理性と判断力とを悟性の下位概念として位置づける記述が見られ（XV, 166 : Refl. 409 および XV, 170 : Refl. 423）、同様の用語法は『純粋理性批判』においても、狭義の悟性と判断力と理性とが「悟性一般という広い名称で把握される」と指摘する（A 131 / B 169）、「原則の分析論」冒頭の文章にも認められる[13]。

このように悟性と理性の明確な区別は、「形式と原理」の前後のカントにとってはもちろんのこと、『純粋理性批判』のカントにとってさえも必ずしも自明なものではなく、長い試行錯誤の果てにはじめて確立され、意識的に使い分けられねばならないものであった。この区別を促した要因のひとつは、やはりプラトンのイデア論の受容と、それをもとにした自分の理念論の形成であったようにおもわれる。『純粋理性批判』のカントは、プラトンは感覚に由来しないばかりではなく、「アリストテレスがあつかった悟性の概念をもはるかに凌駕する」ものを理念（イデア）と呼んでいたと語り（A 313 / B 370）、またイデアの世界へ飛翔するプラトンの「精神の高揚（Geistesschwung）」に、特有の功績を認める（A 318 / B 375）。こうした彼方と超出への志向は、一七七〇年代に確立された悟性と理性の区別によってはじめて、人間の心性において適切に位置づけられるようになったのである。

第三節　カテゴリー、理念、理想

これまで見てきた、イデア的な純粋概念の理論哲学と実践哲学における機能や役割の分化や、悟性と理性の明確な区別の確立と連動しながら、「形式と原理」の時期には純粋知性の概念として一括りにされていた、カテゴリーと理念の区別も生じてくる。ヒンスケは、カントが論理学の講義で教科書に用いたG・F・マイヤー『論理学綱要』における、「経験、抽象、そして恣意的結合（die Erfahrung, die Abstraction, und die willkürliche Verbindung）」という概念の起源の三区分[14]を出発点として、次第に表象の諸種類の分類のなかで理念の位置づけが明らかになっていく過程を整理している。大局的な見とおしを得るためヒンスケによる整理を概観しておくと、まず一七七〇年代初頭の講義録「ブロンベルクの論理学」では上の三区分が、「たとえば感官による表象は感覚である。悟性による表象は現象である。理性による表象は概念である」（XXIV, 251）と、カント自身の観点から感官－感覚（Empfindung）／悟性－現象（Erscheinung）／理性－概念（Begrif）という区分へと組み替えられ、続く「フィリピの論理学」ではこれが、「1．repraesentatio 表象一般、2．conceptus 普遍的な悟性概念、3．idea 理性の普遍的な概念」（XXIV, 451）と、表象一般／悟性概念／イデア＝理性の概念という区分に改められる。さらに一七七〇年代中盤の論理学関係の二八三五番の「レフレクシオーン」においては、新たに項目をふたつ加え、repraesentatio / perceptio / conceptus / notio / idea という区分へと展開されることになる（XVI,

536f.)[15]。なおこの「レフレクシオーン」でideaとは、「原型的概念（conceptus archetypus）」であり、「その制限によって他のものが生成する全体の表象」であると定義され、その例として「正義」や「人間性」や「完全な共和国」といった、実践的な含意を持つ「理念（idee）」が挙げられている（XVI, 537f.: Refl. 2835）。「形式と原理」以来のイデア的な完全性の議論が、表象論のなかで位置づけられるとともに、とりわけその実践的な意義が前面に出てきている。

さらにその少し後の時期、一七七〇年代の中盤から後半にかけて書かれたものと見られる二八三六番の「レフレクシオーン」になると、二八三五番の「レフレクシオーン」の区分の後半部分がだいぶ整理されてくる。ここではrepraesentatio / perceptio / cognitioと項目が並べられたあとで、最後のcognitioについて「認識は直観であるか概念であるかである（cognitio est vel intuitus vel conceptus）」という区分が導入される。さらに後者のconceptusについて、おそらく前節で見た悟性と理性の区別の成立と連動して、「内容にかんして悟性から生じる」概念であるNotioと、「理性概念（Vernunftbegriff）」と言いかえられるIdeaという区別が導入される（XVI, 538f.: Refl. 2836）。前段落で見た「ブロンベルクの論理学」や「フィリピの論理学」といった七〇年代前半の講義録でも、悟性と理性の表象や概念は一応区別されていたが、用語はまだ整理を欠いていた。悟性概念（Notio）から明確に区別される、理性概念としてのイデア（Idea）ないし理念（Idee）という批判期の理念論の基本的な視点も、カント固有の理性概念と同じく、この「レフレクシオーン」の書かれた一七七〇年代中盤以降に確立したと見ることができる。また同じ「レフレクシオーン」への七〇年代終盤の書き込みでは、先の箇所には欠けていた経験的なものと純粋なものという概念の区分（Conceptus est vel empiricus vel purus）が導入されている。そして後者の純粋概念が、知性的なものと理性的なものに区分され（hic vel intellectualis vel rationalis）、同時期の書き込みで前者の知性的概念がnotio、後者の理性的概念がideaと名指されることになる（XVI, 539 : Refl. 2836）。『純粋理性批判』においても、認識は直観と概念に、概念は経験的概念と純粋概念に区分され、この純粋概念が、「悟性のうちにだけその起源を有する」概念である悟性概念（Notio）と、「理性概念（Vernunftbegriff）」とも呼ばれる理念（Idee）に区分されることになる（A 320 / B 377）。こうした整然とした区分も、十年におよぶ試行錯誤の過程のなかから成立してきたものであるが、『純粋理性批判』に見られるよく整理された概念の区分の成立には、とりわけ時間がかかったようである。

　こうした概念の区分の問題に話題を限定して、もうすこしあつかう資料の幅を広げつつ「形式と原理」の前後の時期から考察しなおしてみたい。まず「形式と原理」で概念は、「知性のそのもの本性によって（per ipsam naturam intellectus）」与えられるという「知性的概念（conceptus intellectualis）」と、「経験によってだけ（empirice tantum）」与えられるという「抽象された（*abstractos*）概念」に区分される。前者は「純粋観念（*idea pura*）」とも呼ばれるが、ここには「可能性、現実存在、必然性、実体、原因」といったのちのカテゴリーにあたる諸概念や、「経験することによってではなく、純粋知性そのものによってのみ認識される」という「道徳的概念（cocceptus *morales*）」、そして純粋理性によってのみ把握される「範型」であるとされる、神と道徳的完全性という「理想」が含まれるのであろう（II, 394-6）。また一七七〇年代初頭の講義録では、概念は「与えられた」概念と「作られた」概念に区分され、さらに前者が「経験によって」か「純粋理性によって」かという、与えられかたによって区分されており（XXIV, 262）、「経験によって与えられた概念」「純粋理性によって与えられた概念」「作られた概念」という三種類の概念を区別している。(16)「形式と原理」の二分法に「作られた概念」が加わっているわけであるが、その例として挙げられるのは、現実には存在しないが「原型的イデア（*Idea prototypa*）」であるという「ストア派の哲学者」や「ストア派の賢者」であり（XXIV, 253, 262）、論述にはのちの「理念」や「理想」の超越的な性格を思わせるところがある。ただ他方では必然性や原因といったカテゴリーにあたる諸概念が、「与えられず、恣意的に作り出された」という「純粋理性概念」であるとされる（XXIV, 254）など、「作られた概念」と「理性によって与えられた概念」、つまりのちにカテゴリーとされる概念と理念や理想とされる概念の整理はこの時点ではついていない。

また同じ一七七〇年前後の論理学関係の「レフレクシオーン」でも、同様の概念論の枠組みがくりかえし取りあげられている。あるときは「あらゆる概念は経験的概念か、自立的な理性概念か、推論された概念である」と区分され、最後の推論された概念が、経験から抽象されたのでもたんに理性の法則をふくむのでもなく、「意志の普遍的な法則への関係において考えられた或るもの」をふくむところの「道徳的概念」であるとされている（XVI, 546 : Refl. 2850）。この「推論された概念」は、先ほどの区分における「作られた」概念に対応するのであろう。またある「レフレクシオーン」では概念の起源が経験的（empirisch）／恣意的（willkürlich）／知性的（intellectuell）に区分され（XVI, 546 : Refl. 2851）、別の「レフレクシオーン」では概念がア・プリオリに与えられた概念／ア・ポステリオリに与えられた概念／作られた概念に区分される。後者の二八五三番の「レフレクシオーン」には一七七五年前後の時期に追加の書き込みがあり、最後の「作られた概念」が「理性によって推論された概念：理念（idee）」と「恣意的に作り出された」概念とに区分されている（XVI, 547 : Refl. 547）。

こうした資料から考えるならば、先に言及したマイヤーによる「経験、抽象、そして恣意的結合」という概念の起源の整理をおそらくは批判的に踏まえつつ、カントが一七七〇年のころに考えていた、経験によってア・ポステリオリに与えられた概念（＝抽象された概念）／知性の本性や理性によってア・プリオリに与えられた概念／作られた概念という区分のうち、経験と現実から遊離しようとする傾向を持つ最後の「作られた概念」が、恣意的な要素の結合によってではなく、理性の必然的な「推論」によって「作られた」ものと限定されることで、のちの純粋理性概念としての理念へと展開していったものと考えられる。

ここで『純粋理性批判』における経験的概念／悟性概念／理性概念という区分と、右の一七七〇年頃の概念区分を比較するならば、「理性によって与えられた概念」は、悟性と理性の区別が確立されるにともなって、カテゴリー＝純粋悟性概念へと展開していったのであろう。一七七二年二月のヘルツ宛書簡でカントが、のちにカテゴリーとして位置づけられる諸概念を「完全に純粋な理性の概念」と呼んでいたことには前節で触れた。同じ箇所でカントは、「アリストテレスのようにではないが」と断りつつ、これらの概念を「一定の数のカテゴリーへともたらそうとした」と語っている（X, 132）。実際に「形式と原理」やこの書簡の前後の時期の遺稿からは、カテゴリーの問題にカントがくりかえし取りくんでいる様子がうかがえる。たとえば一七六九年のある「レフレクシオーン」では、「純粋悟性概念（reine Verstandesbegriff）」や「純粋知性の概念（coceptus intellectus puri）」が主題とされ、現存在、実在性、可能性、必然性、根拠、一性と多性、全体と部分、全と無、合成されたものと単純なもの、空間と時間、変化と運動、実体と付帯性、力と働きといった諸概念が列挙されている。当時のカントによれば、こうした「純粋知性の概念についての哲学」こそが、「形而上学」なのである（XVII, 352 : Refl. 3930）。

ただここではまだ「純粋悟性概念」として空間と時間が数えあげられており[17]、また同時期かややのちの別の「レフレクシオーン」でも、「形而上学のことがら」である「事物の第一の述語」や「第一の根本概念」が「純粋理性によって認識される」と指摘されているように（XVII, 359 : Refl. 3946）、「純粋悟性概念」は「純粋理性概念」からもいまだ明確には区別されていない。一七七〇年代初頭のある「レフレクシオーン」では、やはりここでも「理性の普遍的な働き」であるとされるものの、対象一般を思考する概念が「カテゴリー」と呼ばれ、またアリストテレスのカテゴリー表も列挙されている（XVII, 492f. : Refl. 4276）。やがてアリストテレスの議論を踏まえたカテゴリー論と、プラトンのイデア論をベースにした理念の議論の位相差が、すこしずつ意識されていったものとおもわれる。一七七二年の「レフレクシオーン」には、「超越論的哲学には悟性概念（notio）は登場するが、理念（Idee）は登場しない」という区別の指摘があり（XVII, 558 : Refl. 4456）、一七七〇年代中盤の別の「レフレクシオーン」には、「プラトンは完全性の概念の起源についてはよく述べた。けれども悟性概念（notio）の起源についてはそうではない。プラトンは狂信者で、アリストテレスは分析家だ」という対比が見られる（XVII, 555 :

Refl. 4447)。

やがて悟性概念については、一七七三〜五年頃の「デュスーブルク遺稿」において、「あらゆる現象は悟性の権限（Verstandestitel）のもとに属すると前提されることによってのみ、経験は可能であるのであり、「経験とは与えられた現象によって悟性概念を特殊化したものである」（XVII, 664 : Refl. 4679）と、経験に内在し経験を可能たらしめる概念としての「演繹」がこころみられることになる。それと対照的に理性は、前節で言及した同じ遺稿群に属する四六七五番の「レフレクシオーン」にあるように、「対象が与えられることのないア・プリオリな思考の能力」（XVII, 651 : Refl. 4675）と、経験的対象に対して超然たる性格が際立たされてゆく。

理性概念についても同様に、同時期の「レフレクシオーン」において、「理性概念は無制約に妥当する概念、つまり総体、第一者、超越者である（Vernunftbegriffe sind unbedingt gültige Begriffe, also das All, das erste, das transzendente）。また無制約な必然性、無制約な原理（独立的な原理）、無制約な（制限されざる）総体である。」（XVII, 642 : Refl. 4673）と、「無制約者」にかんする概念としての本性が洞察されていき、これも前節で言及した一七七五年から七七年にかけての四七五九番の「レフレクシオーン」において、総体や単純なものや自発性や必然的な現存在という理性の概念である「無制約者」について、形而上学的および道徳的な使用と、悟性認識の多様を統一する原理としての主観的な必然性および道徳的な必然性が説かれることになる（XVII, 709f. : Refl. 4759）。前々節で言及したように、一七七二年二月のヘルツ宛書簡では、カテゴリーの演繹の原型となる「表象と対象のア・プリオリな合致」という問題から、道徳哲学の概念は除外されていた。ただ道徳的な理念をめぐる思索も、一七七〇年代のカントにとっての中心問題であったカテゴリーの演繹という課題とまったく無関係ではなかったようである。悟性概念としてのカテゴリーと経験的対象の必然的連関を明らかにしようとする「演繹」の課題への取りくみも、いわば否定的媒介として、形而上学と道徳にかんする理念の、経験的対象に対して超然たる特性を際立たせ、カントに自覚させることにつながったのであろう。

最後にもうひとつ残された概念間の区別の問題として、理念（Idee）と理想（Ideal）の区別に簡単に言及しておきたい。「形式と原理」においては、カントの時代の理想（ideale）という語が、プラトンの言うイデア（idea）にあたると指摘されていた（II, 396）が、同様の記述は『純粋理性批判』「理想」章にも登場し、「私たちにとっての理想（Ideal）は、プラトンにとっては神の悟性のイデア（*Idee des göttlichen Verstandes*）」であるとされている（A 568 / B 596）。カントがプラトンのイデアを当時の「理想」という語に対応させるのは、両者がともに個別的な表象であるからであろう。一七七〇年代後半の講義録「哲学的エンチュクロペディー」によれば、「個別的な表象によって認識することは、直観という。思考とは普遍的な概念による認識である」が、「アリストテレスは知性的概念の哲学者、プラトンは知性的直観の哲学者」とされている（XXIX, 14f.）から、知性的直観によって捉えられるとされるプラトンのイデアは、個別的な表象であることになる。同じ講義録で「イデア（Idea）」は「個別的な悟性認識（eine einzelne Verstandes Erkenntnis）」と定義されているが（XXIX, 17）、『純粋理性批判』ではこうした「イデア」の個別性という特性が除去された、「推論」をつうじて無制約者にかかわる理性概念一般が「理念

(Idee)」と呼ばれ、個別性の特性は、「たんに具体的な理念ではなく、個体的な(in individuo)理念、つまり個別的な、理念によってだけ規定可能な、あるいは規定されている事物であるような理念」と定義される、「理想(Ideal)」に限定されることになる(A 568 / B 596)。ただいくつかの先行研究が指摘するように、[18]一七七〇年代のカントは「理念」と「理想」の明確な区別に達していない。[19]とはいえ「イデアール／理想」の問題もカントが一七七〇年代にくりかえし取り組みつづけた問題であって、とりわけ道徳哲学にかんする「レフレクシオーン」では、「イデアール」をめぐる考察が頻繁にくりかえされている。この問題については本書第七章で主題とするため、ここではくわしく立ち入らないが、たとえば一七六〇年代の「レフレクシオーン」では、エピクロスとストア派とキュニコス派の「体系」のことが、それぞれ快適と徳と単純さの「イデアール」と呼ばれているが(XIX, 95 : Refl. 6584)、一七七〇年代も後半になると、自然人、有徳者、世間人、キリストという個別的な人格の類型が、それぞれ単純さと徳と怜悧と神聖性の「イデアール」と呼ばれるようになる(XIX, 174 : Refl. 6829)。こうした道徳的・人格的な「イデアール／理想」の考察は批判期の倫理学説の表面からは姿を消すが、その考察は批判期の倫理学説ばかりではなく、「個体的な理念」としての「理想」という、理念と理想の明確な区別をも準備するものであったようにおもわれる。

以上の本章で展開してきた考察を整理すれば、カントは「形式と原理」の前後の時期に受容したプラトンのイデア論を、当初から実践哲学において真の意義を持つものとして捉えていた。純粋な概念は道徳哲学の文脈において積極的・定説的な意義を有し、可想界も直観的な認識の対象となる形而上学的な実在の世界である前に、自由の規則を形式とする道徳的世界なのである。そして一七七〇年代の中頃には『純粋理性批判』以降につうじる悟性と理性の明確な区別が、そしてそれとともに悟性概念と理性概念=理念の区別が成立してくることで、イデアや理念の特有性も明確になっていく。ただあくまでのちの「純粋実践理性の優位」につながるような発想は基本的なモチーフとして諸々の区別の成立に先行しており、ここにカテゴリーの「演繹」などの認識理論における根本問題への取りくみもいわば否定的媒介として関与しながら、『純粋理性批判』以降の理性と理念をめぐる立場も形成されていったものとおもわれる。

悟性と理性、カテゴリーと理念といった区別は、『純粋理性批判』の後世への大きな影響のために、今日の哲学分野では自明なものとして受けとられている。しかし当たり前のことではあるが、こうした区別はカントにとっては自明なものではなく、だからこそみずからの試行錯誤によってはじめて確立しなければならなかった。『純粋理性批判』のカントは、「間接的に推理する能力」という従来の形式的な理性の説明では、理念=理性概念を「みずから産出する」能力という、理性の実質的な側面が見逃されてしまうことを指摘している（A 299 / B 355）。また「理性の超越論的概念」が、従来の哲学者たちの理論では他の諸概念と混同されるのが通例であり、「理性の超越論的概念を悟性概念から適切に区別することすらしていない」とも説く（A 338 / B 396）。とはいえ「形式と原理」の数年後までのカントそのひとにも、悟性と理性の実質的な区別や、悟性概念と理性概念の適切な区別についての洞察は欠けていたのであり、『純粋理性批判』にいたるまでの時期の理性とその概念をめぐる試行錯誤をつうじて、はじめて獲得されたものであったのである。

そしてそうした『純粋理性批判』での理性をめぐる議論の構図や枠組みの形成の過程の特色として、実践哲学にかんする考慮が、つねに影のように付きまとっていることが挙げられる。悟性と理性の区別がおそらくはじめて明確に示された「レフレクシオーン」では、理性の形而上学的使用や経験の統一の原理としての主観的な必然性に続けて、すぐに道徳的な使用や実践的必然性が話題となり（XVII, 709 : Refl. 4759）、また神と自由と不死という、『純粋理性批判』「超越論的弁証論」に結実する形而上学のテーマについての理性概念が考察される場合でも、形而上学が偽形而上学の批判をつうじて保護すべき、理性の実践的使用や実践的認識が展望されている（XVII, 476 : Refl. 4241, XVIII, 26 : Refl. 4910, XVIII, 221 : Refl. 5552）。また三章からなる『純粋理性批判』「超越論的弁証論」の最終章の主題となる「理想」の明確な定義も、道徳的・人格的な「イデアール／理想」の考察をつうじて練りあげられた可能性がある。このようにまず実践哲学の文脈において顕著であったイデア論の受容が、カントの理性および理念にかんする理論の形成を促し、また先導する役割を果たしたのではないだろうか。

『純粋理性批判』のカントは、イデアの世界へ駆けあがるプラトンの「精神の高揚（Geistesschwung）」は、「理念が（善の）経験そのものをはじめて可能にする」という、実践哲学の領域においてこそ「まったく特有の功績」を有し、倫理と理念についての考察こそが「哲学に特有の尊厳」をなすと説く。そして『純粋理性批判』「超越論的弁証論」の課題を、そうした倫理と理念の体系の「地盤を平らにし堅固にする」ための仕事として規定し、それに取りかかることを宣言する（A 318f. / B 375f.）。一七七〇年代のカントも、おそらくはまずプラトンのイデア論受容を契機として、とりわけ実践哲学の文脈においてたましいを向けかえ、現象の世界の彼方へと精神を高揚させたのであろう。そして『純粋理性批判』での悟性と理性、カテゴリーと理念の区別の確立にいたるまでの思索は、その「精神の高揚」を人間の心性のうちにもとづけることになった。またつねに道徳哲学への観点を影のようにともないながら形成された『純粋理性批判』「超越論的弁証論」の主題群は、『純粋理性批判』においては、倫理と理念の体系の「地盤を平らにし堅固にする」ためのものとして考察されることになったのである。そして『純粋理性批判』「超越論的弁証論」が整備した地盤のうえに切り拓かれたのが、知恵、徳、（プラトンの）共和国、そして理想の理念からなる、倫理と理念の体系である、道としての「人倫の形而上学」にほかならない。

註

〔1〕坂部「Phase κ — λ の趣味批判関係遺稿について」二三八頁。

〔2〕Schmucker, *Die Ursprünge der Ethik Kants*, S. 264f.

〔3〕この四三四九番の「レフレクシオーン」に見られる発想の発展史的意義については、vgl. Hinske, Kants Rede vom Unbedingten, S. 279.

〈4〉Kuehn, The Moral Dimension, p. 385.

〈5〉この五五五二番の「レフレクシオーン」については、ここに批判期の「純粋実践理性の要請」の議論の萌芽を指摘する、Guyer, *Kant on Freedom*, pp. 90–1. を参照。またクレンメもこの「レフレクシオーン」を論拠としつつ、カントが一七七〇年代の末に、カテゴリーの独断的な使用を実践哲学では許容しつつ、理論哲学では締め出したと指摘している（Klemme, *Kants Philosophie des Subjekts*, S. 122）。

〈6〉「形式と原理」でのintellectusとratioの関係については、坂部「〈理性〉と〈悟性〉」を参照。坂部恵は「形式と原理」において大局的にみればintellectusないしintelligentiaとratioないしrationalitasが等置されていること、そして「この時期のカントが、神にかかわる認識やさらには道徳哲学の原理さえをも、〈理性〉ではなくて、intellectus purusによってとらえられるものと考えていたこと」（二〇九頁）を指摘するとともに、他方では「形式と原理」の議論のうちに、『純粋理性批判』以降の悟性と理性の関係を準備するものがあることも指摘している。

〈7〉城戸『理性の深淵』六二頁以下。

〈8〉山本道雄も同講義録の「純粋悟性／理性概念」の用法から、「この段階ではまだ「悟性」と「理性」の術語的区別がついていない」と指摘している。山本『カントとその時代』一二四頁。

〈9〉一七七〇年代前半に由来する人間学関係の講義録では、「判断する能力」としての悟性と「推論する能力」としての理性という区別に、ア・ポステリオリとア・プリオリという判断の様態の区別が重ねあわされているものの（XXV, 147, 351）、両者の区別についてのくわしい説明は展開されていない。

〈10〉Allison, *Kant's Transcendental Idealism*, pp. 495–6 (Note to Chapter 11, no.1)．ただしこの四六七五番の「レフレクシオーン」では、感性のア・ポステリオリな与件と理性のア・プリオリな条件を「悟性が結びつける」とされている（XVII, 649 : Refl. 4675）ことから、タイスはむしろ悟性の独立性が十分ではないことを指摘している（Theis, Kants Ideenmetaphysik, S. 206f.）。

〈11〉 Guyer, *Kant on Freedom*, p. 74. 城戸淳も、「無制約者」とのかかわりというカント固有の「理性」の徴表が七〇年代中盤以降に獲得されたことを示す資料として、同じ「レフレクシオーン」に言及している（城戸『理性の深淵』六四頁）。

〈12〉 Kalter, *Kants vierter Paralogismus*, § 5.

〈13〉 こうした広義と狭義の悟性概念の二義性（および理性の広義／狭義の二義性）については、檜垣「カントの理性概念」を参照。

〈14〉 Meier, *Auszug aus der Vernunftlehre*, § 254.

〈15〉 Hinske, *Zwischen Aufklärung und Vernunftkritik*, S. 95–99.

〈16〉 この時期のこうした区分については、山本『カントとその時代』一一四〜五頁を参照。

〈17〉 カールは三九三〇番の「レフレクシオーン」などに見られるリストは、バウムガルテン『形而上学』などに見られる伝統的講壇哲学の根本概念をふくむものにすぎず、同じ「レフレクシオーン」での形而上学とは「純粋知性の概念についての哲学」であるという定義にも、バウムガルテンによる存在論の規定（「存在のより一般的な述語についての学」、Baumgarten, *Metaphysica*, § 4.）からの影響を指摘している。Carl, *Der schweigende Kant*, S. 36, 43.

〈18〉 Tonelli, Kant's Early Theory of Genius, p. 119, n. 50., C. Schwaiger, *Kategorische und andere Imperative*, S. 84f.

〈19〉 このため、本書では第七章を除き、カントが用いるIdealについて、『純粋理性批判』より前の時期の用例については、たんに「イデアール」というカタカナに置きかえ、『純粋理性批判』以降の用例のみを「理想」と訳す。

第二部　理念論の道

第一部では、カントの「人倫の形而上学」の構想の展開を概観するとともに、カントの「人倫の形而上学」に不可欠な理念をめぐって、源泉史および発展史の観点から、『純粋理性批判』にいたるまでのカントの理念論の背景を明らかにした。カントは「人倫の形而上学」を「理念」を求める学問として構想するとともに、その「理念」という概念をプラトンの「イデア」から取りいれ、アリストテレスに由来する「カテゴリー」から区別した。カントのイデア論を中心とするプラトン哲学の理解は、今日の目から見て歴史的に正当なものとはいいがたいところがあり、また理念とカテゴリーの明確な区別もさまざまな試行錯誤の果てになされたものであるが、ともかくも、そうした背景のもとに、『純粋理性批判』の理念論は成立したのである。ここまでは『純粋理性批判』の「理念論への道」を明らかにしたわけである。

本書の序章でも述べたように、カントは『純粋理性批判』において、実践的な含意を持つ理念として、「知恵（die Weisheit）」（A 328 / B 385）、「徳の純粋な理念（die reine Idee der Tugend）」（A 315 / B 372）、「プラトンの共和国（die *platonische Republik*）」（A 316 / B 372）、そして人格的な「理想（ein Ideal）」（A 569 / B 597）を挙げている。これらの理念は、『純粋理性批判』では体系的に連関させられておらず、バラバラに登場しているにすぎないが、それぞれの理念が『純粋理性批判』からの、あるいは『純粋理性批判』以前からの、カントの実践哲学のそれぞれの分野での思考を導く役割を果たしており、そしてそうした理念に導かれたカントの思考は最終的に、晩年の著作としての『人倫の形而上学』に流れこむことになるのである。そうした著作としての『人倫の形而上学』にいたるカントの思考の歩み、「道としての人倫の形而上学」を、これら四つの理念の観点から、第二部では考察する。

最初にとりあげるのは、知恵の理念と、哲学の連関である。「人倫の形而上学」は純粋な実践哲学として、理論哲学もふくむ哲学一般に属する。カントの「人倫の形而上学」とは、どのような哲学であり、また知恵の理念とどのように連関しているのだろうか。

第四章　知恵と哲学

はじめに

ひとは哲学を学ぶことはできず、学びうるのは哲学することだけである。

カントが『純粋理性批判』でこのように説き、またフッサールがこうした見解に反発を示したことは、よく知られている。そしてしばしば指摘されるように、カントのこうした見解の背景には、「知恵（Weisheit）」という理念がある。『純粋理性批判』で学ぶことができないとされるのは、過去の哲学体系にのみ依拠する「歴史的認識」としての哲学や、認識の論理的完全性のみを求める「学校概念」としての哲学とは区別される、カントにとって本来的なありかたをした哲学である。自分の理性を源泉とする「理性認識」としての哲学、それもだれもが関心をよせる「世界概念」による哲学が、その哲学にほかならない。つまり学者の関心事のみをあつかう「学校概念」としての哲学から区別される、学校を越えたひとびとの一般的・必然的な関心事をあつかう「世界概念」による哲学は、学ぶことができないのである。そして同様の哲学の区分が見られる『イエッシェ論理学』の「序論」では、「スコラ的な意味」での哲学は、熟練にかかわる「熟練の教え」であるが、これに対し「世界概念」にかかわる哲学は「知恵の教え」であり、本来の哲学者は「知恵の教師」であるとされている（IX, 24）。ひとは哲学を、それが「知恵の教え」であるかぎり、学ぶことはできない。

　こうした事情をどこまで意識していたかは分からないが、フッサールの議論でも、知恵の志向の有無が重要な論点をなしている。フッサールによれば、歴史上の諸哲学は、「知恵への衝動（Weisheitstrieb）」がその創始者たちを支配してきたかぎりでは、「世界観哲学」であった。こうした「世界観哲学」から、これまで混同されてきた、「厳密な学」であることを目指す「学的哲学」は峻別されなければならない[1]。フッサールにとっては、哲学を学ぶことはできないと語ることは、哲学の非学問性を告白するにひとしい。知恵ではなく、「厳密な学」を目標としてのみ、哲学は客観的に教え学ぶことのできる、ひとつの学たりうることになるのであろう。さて、こうした見解と対照させるなら、知恵を求めながらも、学としての立場も手放さないところに、カントの考えるあるべき哲学の特色があるようにおもわれる。それでは、そこで求められている知恵とは、いかなる知なのだろうか。

　本章はこうした関心のもと、カント哲学における「知恵」の内実と位置づけを検討する。ただカントは知恵の語を多様な文脈で用いており、また知恵という主題がカント哲学の全体像にかかわる問題であるかぎり、そのあらゆる側面を取りあげることはできない。そこで、カントにとっての知恵の原型的なイメージと、批判哲学における知恵の位置づけを確認したうえで、最後にこの知恵との関係において、カントの「哲学すること」の実際をよく確認することができると筆者が考える、晩年の『人倫の形而上学』における議論を、検討することにしたい[2]。

第一節　ふたつの原像

　一般に哲学史の文脈において「知恵」とは、代表的な事典によれば、「一方では人間の経験にもとづき、他方ではその神的な起源が強調される、卓越した知[3]」を意味する。人間的生のあらゆる面にわたる経験にもとづく、特別に高い価値段階にある人格的な習性を「知恵」と呼ぶフッサールの定義[4]は、右の説明の「一方」の部分に対応する伝統を、適切に表現したものであるだろう。これに対し、本源的には神に属する知であるという含意を保持しつつ、人間にあっても経験に由来しない、学そのものの価値の尺度たる「理念」であるとする点に、批判期におけるカントの知恵の理解の独自性がある。

　ところで、カントは弁神論を問題とする一七九一年の論文「弁神論におけるすべての哲学的こころみの失敗について」において、神に属する「最高の知恵」と、人間の与りうる真正な知恵、つまり神の意向に対する私たちの要求が、必然的に制限されていることを洞察する「消極的な知恵」という、ふたつの知恵の概念を導入している(VIII, 263)。そしてこうした神と人間の知恵には、それぞれ前批判期の思考に原型を求めることができる。前段落の末尾で述べたことを確かめるまえに、まずは前批判期の著作に、カントにとっての知恵の原型的なイメージを探っておきたい。

まず神の知恵という論点を求めて視線を遡らせれば、一七五五年、カントが三〇代初頭の頃の『天界の一般自然史と理論』にまで行きつくことができる。ここでは自然における調和や目的と手段の連関をめぐり、それらを可能にする神の配慮が自然自体に内在していることを説く場面で、「知恵」の語が登場する。大気と水と熱はおのずと、外から介入せずとも、風を吹かせ雲を生み、やがて雨を降らせて大地を潤す。このように物質は、いわゆる「方向を欠いた機械的作用」によっても、「最高の知恵の計画であるかに見える、整然とした帰結をもたらす」(I, 225)。こうしたことが可能になるのは、当時のカントによれば、万物の共通の起源が神の知恵にあるからである。それ自体で調和を示す自然はそのあらゆる特性を、「無限の知性と自立的な知恵」から引きだすのだ(I, 334)。ただここで強調されるのは、自然に内在した法則の源泉としての知恵であり、自然に外部から介入する作用としてのそれではない。後者の意味で知恵を持ちだすことへの批判もこの作品には登場する。つまり自然法則から調和は導きだせないと考えて、「調和と有用な目的をふくむ自然のあらゆる配置に、神の知恵を直接に適用する」者は、あまりに視野が狭くかぎられている。宇宙全体という規模では、「一般的自然法則」こそが秩序を生み、またこの法則は神の知恵に由来するのだから、「全自然は必然的に最高の知恵の結果である」と、若きカントは主張する（I, 346f.）。

「神の知恵」を自然現象へ直接適用することへの批判は、一七六〇年代前半の『神の現存在の論証のための唯一可能な証明根拠』「第二部」の自然神学論で、よりくわしく展開されている。ここでカントは事物の神への依存性を、神が事物の内的な可能性の根拠であることによる「非精神的」なものと、神が可能なもののなかから、現に存在すべきものを選んだことによる「精神的」なものに区別する（II, 100）。「知恵ある選択（weise Wahl）」や「知恵」の語は後者の関係を指示するが、これらの概念を際限なく適用することへの批判と、諸物の可能性自体が神へ「非精神的」に依存していることの強調が、ここでの自然神学論の主要な論点である。ひとびとは完全性と美への傾向を示すものを、「神の知恵の必然的な対象」として考察してきたが、可能なものの根源でもある「把握しえない存在者の帰結」と見なしてはこなかった（II, 151）。だが「神の知恵」を安易に持ちだす自然神学は、自然の探究の妨げとなりかねず、また物質を秩序づける「職人」の存在は証明できても、「創造者」の存在は証明できない（II, 119ff.）。一般的法則にしたがった、諸本性の調和したありかたは「まずなによりも事物の可能性のうちに」、またその可能性の根拠でもあるかぎりでの神のうちに見出されねばならず、そうした可能性を前提としてのみ「知恵は働きうる」（II, 151）。もちろんカントの自然神学の方法でも、自然の統一から「神の知恵」は推論されるけれども、ただ「知恵ある選択」を原因として、統一を導きだすのではない。自然の統一はあらゆる可能性の根拠であり、自分の「偉大な知恵の根拠」でもある「最高の存在における根拠」から導きだされるのであり、つまり統一が導出されるのは「知恵ある存在者からではあっても、その知恵によってではない（wohl von einem weisen Wesen aber nicht durch seine Weisheit）」（II, 119）。

以上のように知恵の語はまず、神に属する知としてカントの著作に登場する。もちろんこうした用法はカントに特有のものとは言えず、またカントはこの概念の適用を制限する方向に傾いてもいる。ひとまずここでは、前批判期のカントが知恵の語を、自然の多様なものを目的論的に統一させる知の意味で用いていたこと、またその知恵を、自分の哲学的立場により制限し位置づけることが早くから問題となっていたことを確認しておきたい。

それでは他方の、人間の「消極的な知恵」について事情はどうだろうか。この点では、刊行時期は一七六〇年代もなかばを過ぎる『視霊者の夢』が注目に値する。従来の形而上学への徹底的な懐疑が展開され、また批判期につうじる新しい哲学のかたちも提示されているこの作品の末尾で、人間的な知恵が問題とされている。ここで「知恵」は、好奇心をそそる知識をむやみに求めるのでなく、人間に与えられた無数の課題のなかから、「その解決が人間にとって重要である課題を選びだす」ための知とされる（II, 369）。ところで本当に大切なものを理性的に選ぶには、無くてもすむものや不可能なことを見きわめる、いわば消極的な知があらかじめ必要となる。だから知恵にいたった理性は、「定期市で商品に囲まれたソクラテスの口吻を借りて晴れやかに、それにしても僕の必要としないものがなんと多くあるのだろう、と語る」（ibid.）のである。ディオゲネス・ラエルティオスの伝える、このソクラテスの逸話（『哲学者列伝』第二巻二五節）を引きつつ、カントは新しいかたちの形而上学、つまり不要な思弁と解決が必要な課題の境界を、また人間が知りうることの限界を見定め、「知恵の侍女」(ibid.) となる形而上学を構想する。「人間理性の限界についての学」(II, 368) こそが、知恵に仕える新たな学にほかならない。「知恵の侍女」としての、画期的な学のかたちをカントが語りだす場面で、ソクラテスの名が登場するのは偶然ではない。カントにとってはだれよりソクラテスこそが、人間的な知恵を体現する人物であったからである。たとえば一七七〇年代頃の講義録「哲学的エンチュクロペディー」[5]でソクラテスは、「思弁としての哲学と知恵としての哲学を区別した最初のひと」、さらには好奇心のためではなく、「私たちに知恵を教えるために」哲学を用いた人物とされている (XXIX, 9)。また本章冒頭で触れた『イエッシェ論理学』によれば、ソクラテスとは、「そのふるまいが知者の理念 (*Idee eines Weisen*) にもっとも近づいた、唯一のひと」(IX, 29) なのである。

このようにカントにとっての知恵の原型的な像は、主要なものとしては、先に概観した神の知恵とともに、無用な思弁を退け哲学の真の主題を選びとる、ソクラテスの知恵に見いだすことができる。もちろんこうしたソクラテス像も、たとえばピエティスムスなどにおける当時のソクラテス理解に照らせば、ごくありふれたものにすぎなかったかもしれない[6]。それでも、これらの知恵の原像が「理性批判」の哲学者の思考において、いかなる位置づけと意義を得ることになったのかは、問われるに値する問題ではないだろうか。

第二節　哲学の虚焦点

ところで哲学は学ぶことができないとするカントの見解も、前批判期以来のものである。一七六〇年代中頃の有名な「講義計画予告」によれば、大学までの学校教育で学びに慣れた若者は、大学に入ると「哲学を学ぼうと考える」。だがそれは不可能であって、むしろ「いまや哲学することを学ぶべき」なのだ（II, 306）。ただカントは一時期、哲学のこの特性を、批判期とはことなり「技術（Kunst）」や「天才」という概念と関連づけて考えていたらしい形跡がある[7]。たとえば『純粋理性批判』よりは『視霊者の夢』や先の「講義計画予告」に近い時期の講義録「ブロンベルクの論理学」によれば、学は学習できる「模倣の学」と学習できない「天才の学」とに区分することができ、「哲学と哲学する技術は」、数学とはちがって「学習されうることはありえない」（XXIV, 53）。また同時期の講義録「フィリピの論理学」にも、数学は模倣だけを必要とするけれども、「哲学には、諸美術（schöne Künste）にと同様に、天才が要求される」とある（XXIV, 494）[8]。

これに対し、文脈によっては「技術」と対比される「知恵」と結びつくのが、批判期のカントによる哲学の定義である。それも「理念」とされる、知恵の概念としての身分が、哲学の学問性をめぐる批判期のカントの見解を根底的に規定してもいる。もちろんこの時期にも進展はあり、批判期の哲学論が展開される主要な箇所である、『純粋理性批判』「方法論」の「純粋理性の建築術」章（以下「建築術」章）

と、本章冒頭で触れた『イエッシェ論理学』の「序論」にも、後者では知恵の語が頻出するのに対し、前者では知恵の語はそれほど目立たないというちがいがある。そこで本節では「建築術」章の論述を、『イエッシェ論理学』「序論」の論述も考慮しながら検討することで、批判期のカントの哲学論における知恵のあるべき位置づけを考えたい。

哲学のまえに、まず学一般の定義を確認しておくと、カントは「たんなる寄せ集め」である学以前の「通常の認識」に対し、多様な認識がひとつの体系をなすことに、学の要件を見ている。「建築術」章によれば、「通常の認識をはじめて学とする」のは「体系的統一」であり、体系とは「ひとつの理念のもとでの多様な認識の統一」のことである（A 832 / B 860）。理念が多様な認識を統一して体系とし、認識一般を「学」とする。『イエッシェ論理学』によれば、体系は「部分に先立つ全体の理念」にもとづき（IX, 72）、学にあってひとはまず、「全体の理念」に目を向けねばならない（IX, 93）。さらに「建築術」章によれば、学にかかわる理性概念は「目的と、目的に合致する全体の形式」をふくみ、学の全部分は「目的に連関する」（A 832 / B 860）。学の全体をその目的が規定し、目的による体系的統一が学の本質的な条件をなす(9)。

さてあらゆる認識は、所与と原理という源泉のちがいにより、「歴史的認識」と「理性認識」に区分される（A 835f. / B 863f.）。後者の理性認識については、「概念による／概念の構成による」認識という、「哲学的／数学的」認識の区別がよく知られているが、学の目的の性質によって、カントにとっての本来的な哲学と、他の諸学を区別することもできる。つまり前者の「世界概念」による哲学は、人間理性にとって必然的な目的にもとづくが、他の諸学の目的は任意のものである。「世界概念」という観点からは、哲学とは「あらゆる認識が、人間理性の本質的目的に対して持つ連関についての学（人間理性の目的論）」であり、そこで哲学者とは「人間理性の立法者」である（A 839 / B 867）。これに対し「学校概念」としての哲学は、「ある種の任意の諸目的に対する熟練についての学」（A 840 / B 867 Anm.）であるにすぎず、これに従事する者は「理性技術者（Vernunftkünstler）」である。また数学者と自然科学者、論理学者も「理性技術者にすぎない」（A 839 / B 867）とされるが、これも数学等の目的が任意のものだからであろう。それゆえ世界概念による哲学は、「唯一の最上な内的目的」にもとづく「建築術的統一」を備えるが、学校概念としての哲学をふくむ他の理性認識をあつかう諸学は、「さまざまな任意の外的目的」による「技巧的統一」（A 833 / B 861）を持つにとどまることになる。[10]

任意の目的のため、理性認識を技巧的に統一しつつ学ぶ者は「理性技術者」である。これに対し、理性認識を建築術的に統一する、「唯一の最上な内的目的」や「究極目的」（A 840 / B 868）に対応する知を、カントは「知恵」と呼ぶ。たとえば『判断力批判』第八五節では、「技術悟性（*Kunstverstand*）」が「ばらばらな諸目的」に、「知恵」が「究極目的」に対応づけられ（V, 441）、前節冒頭で触れた一七九一年の論文にも、「あらゆる事物の究極目的」と「任意の諸目的」の区別にもとづく、「知恵」と「技術」の対比的な定義が見られる（VIII, 256 Anm.）。『純粋理性批判』で「知恵」は、「あらゆる可能な諸目的の必然的な統一の理念」と定義される（A 328 / B 385）。この諸目的の必然的統一を成りたたせるのも「究極目的」であるはずであり、またこの知恵という統一の理念こそ、本来の哲学者のあらゆるいとなみが方向づけられている点を、つまり「最大の統一」を作りだすのに役立つという「虚焦点」（A 644 / B 672）をなすはずである。だから「建築術」章の末尾でも説かれるように、カントが「真正な意味で哲学と名づけうるもの」は、「すべてのものを知恵へ、それも学の道によって関連づける」のだ（A 850 / B 878）。「さまざまな任意の諸目的」のための規則を与える「理性技術者」であるにすぎない「スコラ的な意味」での哲学者に対し、本来の哲学者は「知恵の教師」であり、世界概念による哲学とは、人間理性の最終的な目的を示す「完全な知恵の理念」であるとする、『イエッシェ論理学』「序論」の哲学論（IX, 24）は、『純粋理性批判』では背景にとどまりがちな、以上で確認してきた哲学と知恵の連関を、明確に展開したものと見ることができるだろう。

さてこうした学問論・哲学論は、『純粋理性批判』のなかでもとりわけ目的論的な発想が色濃い箇所であるが、[11]この時期のカントにとっても、世界の建築者にして立法者である神の知恵が、[12]目的論的な統一を可能にする知の典型的な像であったはずである。『純粋理性批判』でも、自然の体系的統一の源となり、また万物を最上の目的のために秩序づけるという、「立法的理性（原型的知性）」（A 695 / B 723）や「神の知恵」（A 699 / B 727）について語られている。もちろんここでは、こうした知恵の背後に実在的な根拠を探ることはもはや問題とされず、そうした知恵が、人間の自然探究を秩序づけ促進する、統制的理念であることが強調されることになる。本来的な哲学の虚焦点をなす知恵も、ひとつの理念なのである。

ただ以上で見てきた知恵と哲学の関係にも、カントにのみ固有なものを見いだすことは、やはり難しいかもしれない。「建築術」章での目的論的な学問論と、アリストテレスの学問論の親近性は、すでに多くの論者が指摘してきている。[13] またさまざまな歴史的文脈や、カント哲学内部での諸概念の布置関係をいったん括弧に入れても、部分的な諸学の知を知恵によって全体へと統合する学という規定自体、今日でも一般に広く共有されうる、ある典型的な哲学観と見ることができるかもしれない。[14]

ただこうした立場を支えるものを、本章の残された部分では考えておきたい。本章の第一節で確認した知恵の原型的な像は、多様を目的論的に統一する神の知恵とともに、不要な思弁と哲学の真の主題の境界を見きわめる、ソクラテスの知恵であった。後者も批判期の哲学論において、無くてもすむ任意の目的ではなく、「究極目的」である「人間の全使命」（A 840 / B 868）を哲学の目的とする点に活きているが、こうした目的への関与も、私たち人間にあっては、ある探究を前提としているのではないだろうか。先に言及した講義録「ブロンベルクの論理学」では、「多くのことを知ることは私たちに必要ではない」という判断とともに、「私たちの最善の認識は、私たち自身を知ることであり、人間がすべての哲学の正しい対象である」とする主張が、その知恵を示すものとしてソクラテスに帰せられている（XXIV, 212）。究極目的を見定め、真正な知恵に与るためにも、私たちは自己と人間を知らねばならない。それでは知恵を志向しつつ自己を知るとは、「理性批判」の哲学者にとってはいかなるいとなみであったのか。続いてこのことが問われねばならない。

第三節　知恵のはじめ

批判期のカントにとって、知恵は、具体的には与えられえない理念である。この知恵の概念としての身分が、哲学の学問性をめぐる批判期のカントの見解を根底的に規定している。あるときはたんなる思弁との区別のため「知恵」と結びつき、あるときは受動的な模倣と区別するため「天才」と結びついていた、哲学の学問性をめぐるカントの思索は、批判期における理念としての知恵と哲学との結びつきに収斂していったようにおもわれる。歴史的認識としての哲学なら、過去の哲学体系を覚えこむことで学ぶことができ、また数学や自然科学と同様、ひとは「理性技術者」として従事する学校概念としての哲学であれば、到達可能な任意の目的のため諸々の認識を獲得していくことで学びうる。それに対し、知恵が理念であるのと同様に、本来的な哲学は「ある可能な学のたんなる理念であり、これは具体的にはどこにも与えられていない」(A 838 / B 866)。そして、「哲学は、いまだ与えられていない」という理由からしてすでに、ひとは哲学を学ぶことはできない」(IX, 25)。

だがこうした事情は、カントにとっては学としての哲学の必要性を否定するものではなく、むしろ到達しえない知恵のためにこそ、学が必要であるとされる。『純粋理性批判』ではあいまいさが残った、知恵の位置づけが明確にされる『実践理性批判』で、知恵と学の必然的な連関が強調されている[15]。ここで「知恵」は、「世界の創造における神の最終目的」であるとされる最高善と関係づけられ、「理論的に見れば最高善の認識を、実践的には意志が最高善に適合することを意味する」と定義される（V, 130f.）。また哲学は知恵とともに、不断の努力の目標である「ひとつの理想」なのであって、ひとが「知恵の教師」を意味する哲学者を自称することは「うぬぼれ」であるとされるが（V, 108f.）、他方では哲学という学だけが、私たちに知恵の方角を確実に指し示すものであることも強調されている。「知恵への道」は、それが安全にとおれる途であるべきなら、「私たち人間にあっては、かならず学をとおらなければならない」（V, 141）のであり、「学（批判的に探査され、方法的に導かれた）」こそが、「知恵の教えにつうじる狭き門」（V, 163）なのである。それゆえたとえば、哲学が知恵を目標とすることを取るか、それとも哲学が学であることを選ぶかという二者択一は、カントには受け入れられないものであっただろう。学から切り離された知恵も、知恵へと方向づけられることのない学も、カントの求めるものではない。「学を欠いた知恵」は、ひとが摑んだとおもう瞬間にはすでに消え去っている「完全性の影絵」にすぎず、また学が「内的で真の価値を持つ」のは、ただ「知恵のオルガノンとしてのみ」なのである（IX, 26）。

ところでカントにとって哲学の学問性を保証するのは、その体系性とともに、人間理性の自己認識の作業である「理性批判」の遂行であった。人間の理性は「すでにその本性の傾向によって弁証論的」（A 849 / B 877）であり、理性批判という自己認識の作業を欠けば、ひとを知恵と究極目的から遠ざける弁証論に陥る。究極目的を見失わせる思弁である、『純粋理性批判』で問題とされた理論理性の弁証論はよく知られているが、『人倫の形而上学の基礎づけ』によれば、実践理性においても弁証論は生じる。

つまり、ひとが最高善に与る不可欠の条件をなす道徳法則の妥当性を、理屈をこねて引き下げるという「自然的な弁証論」が生じ、理論理性の場合と同様、「私たちの理性の完全な批判」だけが確かな解決を与える。こうした意味で「知恵」はやはり、「学を必要とする」のである(IV, 405)。[16]

さてカントは九〇年代後半の『人倫の形而上学』「徳論」の第十四節で、「道徳的な自己認識」を「あらゆる人間の知恵のはじめ」としている(VI, 441)。以上で駆け足で確認してきた知恵と自己認識の連関の構造が、この節を中心とする「徳論」の自己認識をめぐる論述には、凝縮されて示されているようにおもわれる。そこで、理論理性にかんしての自己認識との対応関係に留意しつつ、最後にこの「道徳的な自己認識」の問題を検討したい。

「徳論」の第十四節で「知恵のはじめ」とされているのは、「任意の目的」に対し自分が有能であるか否かをではなく、こころの善悪を知る自己認識、それも「こころの測りがたい深み(深淵)にまで迫ることを求める」自己認識である。ここで「知恵」は、「ある存在者の意志が究極目的に一致することに存する」とされているが、この知恵のために右の自己認識が必要である理由として、消極的なものと積極的なものが挙げられている。一方ではまず、究極目的に意志が合致することを妨げる、悪しき意志という「内的な障壁を取り除くこと」が、他方ではまた、善き意志という「根源的素質」を展開することも、知恵のために必要なのである。[17] 後者の点にかんして「道徳的な自己認識」は、次の第十五節によれば、「人間を尊敬に値するものとする」という善への素質を自己のうちに見出し、「自分自身を狂信的に軽蔑すること」を追い払う(以上、VI, 441)。また「徳論」の「方法論」でも、個々の義務についての教育の締めくくりに、いかなる場面でも義務を果たしうる自己の力を意識させることが持つ、教育的効用が説かれている。自己内のこうした力と根源的な善き素質の意識は「たましいを内的に動か」し、そうしたなによりも卓越した説明しがたいものを見いだす、「この自己認識における把握しがたさ」は、「たましいを高揚させる」のだ（VI, 483）。

だが「こころの測りがたい深み」に迫る自己認識はそのまえに、自己のうちに巣食う、根深い悪への素質を見いださざるをえないだろう。「道徳的な自己認識」は、度外れな自己蔑視とともに、自分の道徳的価値の吟味を経ることのない「自己愛に満ちた自己評価」にも対立する（VI, 441）。そして『実践理性批判』で指摘されていたように、「自己愛」を制限し、また自己愛にもとづく不当な自己評価である「うぬぼれ」を打ち破るものは、ひとを「謙抑」にするだろう（vgl. V, 73–75, 78f.）。「知恵のはじめ」をなす自己認識は、ひとを謙抑にし、しかしまたたましいを高揚させる。『純粋理性批判』によれば、理性批判の効用はもっぱら消極的なものであり、その効用は理性に限界を定め、限界を踏み越えることで生じる誤謬を防ぐ「訓練」という点に存する。この「訓練」を欠けば、人間理性が逸脱と誤謬に陥らざるをえないという事実は「人間理性を謙抑にする」が、しかし自分でこの「訓練」を課すことができ、また課さねばならないという事情は、「理性をふたたび高揚させる」のである（A 795 / B 823）。こうした、落胆につづく高揚、下降をつうじての上昇という運動が、カントの説く自己認識に特有のダイナミズムをなしている。

知恵との関係では、自己内の悪と過ちの根を直視する、自己認識の消極的な側面がとくに重要であろう。こと他者にかんしては、その欠点を暴くのではなく、その評価を和らげまた口をつぐむことで、「他者の欠点の上に人間愛のヴェールを投げかけること」こそ、徳義務であると語る（VI, 466）カントは、だが自己についてはその正体を覆う一切のものを取り去るべきであると説く。たとえば『実用的見地における人間学』では、「他者の側での善の仮象」は有益でもありうるが、自己内の同じ仮象は端的に有害であり、「自己愛がそれにより私たちの道徳的欠陥を覆い隠すヴェール」を剝ぎとるべきであると説き（VII, 153）、また「徳論」第十四節の前後に対応する、「人倫の形而上学への準備草稿」の部分にも、次の一節を書き遺している。晩年の作品を準備しつつある、この哲学者のまなざしはあくまで厳しい。

君自身を道徳的に認識せよ、自分の道徳的性質にかんして君はどのような人間であるのか、君自身を探究せよ、君の性格の劇中の仮面を取り去れ（lege die Maske in der Theatervorstellung deines Characters ab）、そして自分を嫌う、いやそれどころか軽蔑さえする原因を、君があるいは有していないかどうかを見よ。（XXIII 403）

求められているのは道徳的な自己認識、それも自分の性格を覆う「劇中の仮面」を外し、自己嫌悪と自分への軽蔑の原因をも暴きだす自己認識である。ここで「仮面」の意味するところを、すこし考えておく必要があるだろう。この「準備草稿」の同じ主題に関係する別の箇所では、「君自身を認識せよという神託」という語に、「経験的に、人間学にしたがって」ではなく「合理的に」、また「真の究極目的」にかかわる「理性能力にかんして」、という限定が加えられ、その自己認識がまず「真の謙抑」を、つづいて自己の素質の「崇高なありかたの意識」をもたらすとある（XXIII, 402）。右に引用した箇所で要求されているのも同じ自己認識、つまり「人間学にしたがって」のそれではなく、究極目的にかかわるかぎりでの自己認識であろう。さて『実用的見地における人間学』の冒頭によれば、人間学の知の根底的な基盤をなすのは、「自分の町や国のなかまとの交際」（VII, 120）であった。[18]「知恵のはじめ」をなす自己認識は、こうした基盤を有する人間学的な知を越えて、自己のさらなる深みに迫らねばならない。つまり、さまざまな「交際」や人間関係が生起する、いわゆる世間や人生という「劇場」で身にまとう「仮面」をもぎ取り、ともすればそうした仮面のもとに隠れこもうとする自分の姿を、目をそむけずに、その奥底にいたるまで凝視しなければならないのだ。

『純粋理性批判』が暴きだした弁証論は、人間理性にとっては偶然的な、ときに表面化することもある誤謬などではなく、「人間理性のうちに深く隠されている源泉」（A 309 / B 366）を持つものであった。知恵への道を拓く理性批判と自己認識とは、人間理性と自己の隠れた深みへの沈潜である。そして、神の知性を原型とする、知恵という理念をはるかに仰ぎつつ、知恵への歩みを妨げる傾向が堅く根を張る自己のうちを、どこまでも深く深く探り究めること――なによりこうした姿勢こそが、私たちがカントから学ばねばならず、また学ぶことができる、カントにとっての「哲学すること」であったのではないだろうか。

おわりに

神のみが本当の知者であり、人間にあってもっとも知恵ある者とは、自分が知恵にかんしてなんの価値もないことを知っている者である。

知恵と哲学をめぐる思考の基調をなしていたのは、カントにおいてもやはり、いわばこうしたソクラテス以来の、神と人間の知恵の隔絶の意識であった。そして批判期には理念とされる知恵の概念としての身分が、カントの考える哲学の学問性を根本的に特徴づけることになる。またこの知恵の理念は、批判期のカントが主に向きあわねばならなかった、人間の知をめぐるふたつの事象とも密接に連関している。それはひとつには、近代自然科学の圧倒的な成果であり、もうひとつには弁証論を生み、適正な限界と自分の使命からたえず逸脱しようとする、人間の知の奔放な力である。こうした哲学の問題状況にあって、知恵は、自然の探究をも包摂し秩序づける理念として位置づけられ、また後者の力と対峙するために、「知恵のはじめ」として、厳しい自己認識が要求されることになる。

もちろん「知恵のはじめ」をなす自己認識も、カントにとっては孤立した自己のうちで完結したいとなみではなく、だれもが関心をよせる「世界概念」による哲学へと方向づけられている。ただ神ならぬ人間には、全体を適切に配慮する視点を取りつづけることはできず、高く掲げられた世界概念や知恵の理念は、それらに背を向け狭く特殊な視点に閉じこもろうとする、人間の根深い性向を浮びあがらせる。

そうした暗い部分を見据えていたからカントは、万人に開かれた世界概念や知恵の立場に近づく不可欠な出発点として、世間へ出ていくことではなく、まず自己のうちを深く覗きこむことを挙げるのである。
さてくりかえしになるが、若き日に近代自然科学の洗礼を受け、その後も晩年にいたるまで自然の探究への熱意を失わなかったカントにとって、自然科学の知識と、自己認識にはじまる哲学の知恵は排除しあうものでなく、むしろ後者は前者を包みこむ関係にある。こうしたカントにとっては、たとえば自己認識への専心を理由として、自分とかかわりのない事象への無関心を装う、プラトンが『パイドロス』篇で描いたソクラテスのような態度は、あるいは縁遠く感じられるものであったかもしれない。それでも、僕は怪物テュポンよりも「さらに複雑怪奇でさらに傲慢狂暴な一匹のけだもの」ではないのかと自問する、このソクラテスの[19]、向きあわねばならない「自分」という暗がりに対する畏怖の感覚は、カントにも無縁ではなかったはずである。

註

〔1〕 Husserl, *Philosophie als strenge Wissenschaft*, S. 51ff.（邦訳：一五九頁以下）

〔2〕 カント哲学における「知恵」については、包括的な論考として、宇都宮「哲学者と知恵」がある。本章の執筆にあたってはこの論考からもっとも多くを学んでいるが、カントにとっても知恵がまずは神に属する知であることを明示的に確認し、そのうえで問題を考えたのが、本章の独自の視点である。またソクラテスとカントの「知恵」の共通点を探る研究として、Engstrom, Kant's Conception of Practical Wisdom がある。「無条件の善」をめぐる両者の一致点がこの論文の主題であるが、その末尾で問題の存在のみが指摘さ

れている、知恵と自己認識の関係（S. 42f.）を本章では重視し、終盤で検討する。

〔3〕Speer, Art. ,Weisheit', Sp. 371.

〔4〕Husserl, *Philosophie als strenge Wissenschaft*, S. 48f.（邦訳：一五六〜七頁）

〔5〕もとになった講義の年代など、この講義録にかんする基本的な情報については、城戸「哲学的エンチュクロペディー講義　解題」を参照。

〔6〕当時のソクラテス像については、Böhm, *Sokrates im achtzehnten Jahrhundert* を、とくにピエティスムスの概論部分であるS. 55–58を参照。ただカントの全体系を「実践的に要請する形而上学のため、理論形而上学をソクラテス的に拒絶することの反復」（S. 280）とのみ見る、ベームのソクラテス－カント関係の整理にはやや偏りがあるようにおもわれるが、この点は本章末尾を参照されたい。

〔7〕Vgl. Giordanetti, Das Verhältnis von Genie, Künstler und Wissenschaftler, S. 416–22. ジョルダネッティは、批判期の哲学論で天才等の概念が消失する理由を、「才能」や「建築術的」という要素の浮上に見ているが（S. 421f.）、本節は批判期の「建築術」における「知恵」の位置を検討する。

〔8〕ただ「ブロンベルクの論理学」のほぼ重複する箇所は、schöne Künsteでなくschöne Wißenschaftenとなっている（XXIV, 299）。とはいえこの場合であっても、schöne Kunstとschöne Wissenschaftを峻別し、後者の存在を否定する、のちの『判断力批判』の議論（V, 304f.）を思いおこすならば、この時点では「技術」と「学」が、また「哲学」が、なお未分化な関係にあることは指摘できるはずである。実際、「論理学へのレフレクシオーン」からは、「哲学的精神は独創的であり、したがって天才（genie）である」（XVI, 66 : Refl. 1651）とし、また「哲学することを学ぶ」ことはできても、「schöne Wissenschaftenを学ぶことができない」のと同様に、「ひとは哲学を学ぶことはできない」（XVI, 66f. : Refl. 1652）と書き記す段階（これらの「レ

フレクシオーン」の年代についてアディッケスは、六十年代中頃から七十年代中頃のあいだのさまざまな可能性を想定している）から、「天才は建築術的である」（XVI, 136 : Refl. 1847）とする段階を経て、「美しいものについての学は存在せず、ただ技術だけがある」（XVI, 150 : Refl. 1892）とするにいたる、カントの試行錯誤の過程がうかがえる（のちのふたつの「レフレクシオーン」は、一七七六年から七八年頃）。なお「ブロンベルクの論理学」と「フィリピの論理学」の年代と、カント哲学の体系形成上の位置については、石川『カント　第三の思考』二七四、二七五頁、Conrad, *Kants Logikvorlesungen*を参照。

〔9〕源泉史と発展史の観点から見た、このカントの体系理念の特有性については、Hinske, Die Wissenschaften und ihre Zwecke を参照。

〔10〕「世界概念／学校概念」の区分と、「建築術的／技巧的」の区分の対応については、Tonelli, *Kant's Critique of Pure Reason*, pp. 271–76. を参照。

〔11〕この点をふくめて、『純粋理性批判』における目的論の全体的な問題状況については、佐藤『カント『判断力批判』と現代』四一～四七頁を参照。

〔12〕Vgl., Leibniz, *Monadologie*, § 89.（邦訳：二八七頁）

〔13〕「建築術（的）」という主題をめぐる、ライプニッツやランベルトらによる当時の議論の文脈と、アリストテレス以来の伝統の連続性については、Tonelli, *Kant's Critique of Pure Reason*, pp. 250–56, Manchester, Kant's Conception of Architectonic, pp. 195–202. を参照。

〔14〕たとえば野家啓一は、哲学と自然科学の関係の変遷と現状を問題とする論考で、「局所最適性」を求める諸科学の知識に対し、哲学の「知恵」を「全体最適性」の追求と規定し、その必要性をあらためて強調している（野家「哲学とは何か」二〇、二一頁）。

〈15〉知恵の位置づけをめぐる、『純粋理性批判』から『実践理性批判』へといたる展開については、角『カント哲学と最高善』第一〇章を参照。

〈16〉ここでの「弁証論」と「批判」の意義について、筆者はくわしく論じたことがある。宮村「〈実践理性批判〉の理念の成立」一六一〜一六四頁をご参照されたい。

〈17〉同じことがらを裏側から考えてみるなら、自己内のこうした悪しき障壁と善き素質の見あやまりを、最高善と究極目的に対立するあらゆる悪の源と見る余地もあるだろう。N・ポッターは、本章とはちょうど対蹠的な観点から「徳論」の同じ箇所に、あらゆる悪徳の源であるという「自己欺瞞」の二形態を読みとり、「根源悪」の理論との連関を示している（Potter, Duties to Oneself, pp. 384–89）。

〈18〉この論点を筆者は、和辻哲郎から学んでいる（和辻『人間の学としての倫理学』五〇〜五二頁）。

〈19〉Platon, *Phaidros*, 230A（邦訳：十六頁）

第五章　徳と倫理学

はじめに

前章で哲学の概念と関係づけながら確認したように、カントにとって「知恵」は、典型的な理念であった。そしてしばしば知恵と対になるかたちで言及され、『人倫の形而上学』の「徳論」の根底にある徳の概念も、カントにとって、ひとつの理念である。『純粋理性批判』において徳は、「理念（Idee）」という用語が批判哲学のなかに導入されていく文脈で、真っ先に名指される、典型的な理念である。同書の「超越論的弁証論」の「理念一般について」という章によれば、「プラトンはその理念を、とりわけすべての実践的なもの、つまり自由にもとづくもののうちに見出した」が、徳こそがまさにその実践的な理念である。たとえひとが「徳の純粋な理念（die reine Idee der Tugend）」に完全に適合して行動することはないとはいえ、この徳という理念はキマイラ的なものではなく、むしろ道徳的な価値と非価値についてのあらゆる判断は、「この理念を介してのみ可能である」（A314f. / B371f.）。徳の概念は、「超越論的弁証論」の「理想」章の冒頭にも登場し、「徳は、また徳ともに、そのまったき純粋さにおける人間的な知恵は、理念」であり、この徳と知恵を人格化した「（ストア派の）賢者（der Weise）」は、ひとつの「理想（Ideal）」であるとされる（A569 / B597）。

こうした徳の理念をめぐるカントの発言は、たましいと世界と神とを主題とする『純粋理性批判』「超越論的弁証論」の流れからはやや浮いており、また『人倫の形而上学の基礎づけ』や『実践理性批判』で徳には、義務や定言命法などに比べて控えめな役割しか割り当てられていないため、徳の理念の重要性は見過ごされがちである。だが批判期の著作に見られる徳にかんする発想は、前批判期に遡ることができるものが多く、批判期の倫理学の前提となる倫理にかんするカントの基本的な確信のいくつかを、徳の概念のうちに探り当てることができる。また晩年の『人倫の形而上学』の「徳論」の性格を見定めるうえで、徳の理念が重要であることは言うまでもない。

本章では、おおよそ以上のような関心のもと、カント倫理学における徳の理念の問題を検討する。まずは前批判期から一貫した、カントの徳をめぐる基本的ないくつかの確信に光を当てたうえで（第一節）、

『たんなる理性の限界内の宗教』（以下『宗教論』とも略）や『人倫の形而上学』で定式化される、カントの徳の定義を確認する（第二節）。以上の範囲では基本的に、徳とその理念をめぐるカントの発想の一貫性に着目するが、カントの回答が晩年に至るまで揺れ動いた、徳をめぐる問題がひとつある。それは「徳は教えられうるか」という、ソクラテスやプラトンたちの時代以来の、徳をめぐる根本問題である。本章では最後に、カントの回答の変動を視野に収めつつ、この問題に対する『人倫の形而上学』でのカントの最終的な回答を確認する（第三節）。以上の検討をつうじて、アリストテレス主義的な現代の徳倫理学との対話という、重要でアクチュアルな課題を展望しつつも、[1] まずは「徳の純粋な理念」にもとづくカントの「徳の形而上学」の立場を明確に示したい。

第一節　徳をめぐるいくつかの確信

すでに確認したように、『純粋理性批判』において徳は、典型的な理念のひとつである。徳が理念であることは、すでに一七七〇年代の道徳哲学の講義録「ポヴァルスキーの実践哲学」でも、はっきりと断言されている。この講義録によれば、理念とは「たんなる概念」ではなく、「理性の規則にしたがって産出された表象」であるが、「あらゆる徳という概念は理念である。知恵もまた理念にもとづく」（XXVII, 176）。『純粋理性批判』や一七七〇年代の講義録での、こうした理念としての徳と知恵という発想を準備したのは、さらに先立つ一七六〇年代の、「イデアール（Ideal）」[2] としての最高善をめぐる考察であったはずである。たとえばすでに一七六〇年代中盤の「レフレクシオーン」では、ディオゲネス、エピクロス、ゼノンの「最高善のイデアール（Ideal de summo bono）」が相互に比較されており（XIX, 94 : Refl. 6583）、またエピクロスの体系は「快楽のイデアール」、キュニコス派の体系は「単純さのイデアール」、そしてストア派の体系は「徳のイデアール（Ideal der Tugend）」であるとされている（XIX,95 : Refl. 6584）[3]。こうした「イデアール」をめぐる思考は、同時期の「レフレクシオーン」では、のちに『人倫の形而上学』の「法論」に属することになる問題においても展開されており、「国際法のイデアール（ideal des Völkerrechts）」という表現が登場するほか、「社会契約（Social contract）」が「国家法のイデアール」と、「自然状態」が「ホッブズのイデアール」と言いかえられるなどしている（XIX, 99 : Refl. 6593）[4]。最高善や徳の問題も、社会契約や自然状態の問題も、「イデアール」の問題として考察するカントの「人倫の形而上学」の基本的な方向性は、すでに一七六〇年代に確立されている。カントは一七六五年末のランベルト宛書簡で、『実践哲学の形而上学的原理』という作品の出版の見とおしを語り（X, 56）、また一七六八年五月のヘルダー宛書簡でも、『人倫の形而上学』という著作を「今年中にも完成できる」という見とおしを語っているが（X, 74）、こうした「人倫の形而上学」の構想の裏づけとなっていたのは、ひとつには、これまで見てきたさまざまな「イデアール」をめぐる思考であったはずである[5]。一七七〇年代後半の「レフレクシオーン」で明言されているように、カントの「人倫の形而上学（metaphysic der Sitten）においては」、あらゆる人間の特性や適用やその妨げを捨象して、「純粋で普遍的に妥当する理念（idee）である規準だけ」が、求められるからである（XIX, 172 : Refl. 6822）。

さて徳がカントにとってひとつの理念であるとして、その徳の理念は、ひとがそれに向けて無限に努力すべき、統制的な理念としてだけ機能するのだろうか。講義録「コリンズの道徳哲学」には、「徳は理念であり、誰も真の徳を所有していない。……だれもが、徳や知恵に近づこうと努力するが、だれも最高の度合には達しない」（XXVII, 463）と、徳の理念をあらゆる人間の努力の虚焦点とする記述も見られるが、ただ徳の理念の意義は統制的理念としてのそれには尽きない。『純粋理性批判』では、あらゆる現象の絶対的な全体といった、理論理性の理念は「ひとつの理念にすぎない」と言われてもしかたがないが、実践的理念は「いつでも極めて実り豊かで、現実の諸行為に関して不可避的に必然的」なのであり、徳と対をなす実践的理念である「知恵（Weisheit）」について、「それはひとつの理念にすぎない」と語ることはできないとしている（A328/B384f.）。徳の理念についても、カントはそれが人間の行為に対する実効性を持つことを確信しており、しかも理念として純粋なかたちで提示するほど、その効果は大きいと考えている。カントは『基礎づけ』のある注で、「徳についての教え」が効果に乏しい原因についての、J・G・ズルツァーからの質問に対して、教師たちが「自分の用いる概念を純粋なものに仕上げていない」ことを、その原因として挙げている（IV, 411 Anm）。そして『実践理性批判』「方法論」で実際に道徳教育論を展開するさいには、カントは徳の純粋な表象を積極的に活用すべきことを説く。カントによれば、「純粋な徳の提示」こそが、幸福の誘惑や苦痛の脅迫よりも強い力を人間のこころに及ぼすのであり、また「徳の純粋な表象が備える、ひとを動かす力（die bewegende Kraft der reinen Vorstellung der Tugend）」こそが、ふさわしいしかたで人間のこころに適用されるなら、「善へのもっとも強力な動機」となるはずなのである（V, 151f.）。

こうした純粋な徳の概念や表象が、ひとのこころを動かす強い力を持つという発想も、『基礎づけ』や『実践理性批判』での倫理学説の形成に先立つ、カントの原初的な確信であった。一七七〇年の秋以前の「レフレクシオーン」では、表象された利益や名誉よりも、「徳の純粋な像それ自体そのもの（das reine Bild der Tugend an sich selbst）」のほうが、ひとを有徳な行いへと決意させる強い動機たりうるという観察が示されている。「人間を道徳的な善へと駆り立てる、もっとも強力な手段」は、それゆえに、「純粋な徳の表象（die Vorstellung der reinen Tugend）」なのである（XIX, 112f.：Refl. 6619）。同様の考えは一七七〇年代後半の「レフレクシオーン」にも登場し、「倫理的概念のひとを動かす力（die bewegende Kraft des sittlichen Begrifs）は、その純粋さのうちに、またあらゆる他の誘因からの区別のうちに」あり、「そこから徳概念の純粋さが閃き出る実例」こそが、教育においては有効であるとされている（XIX, 200：Refl. 6898）。

徳はひとつの理念であり、純化された理念であるかぎりでの徳こそが、ひとを動かし善を行わせる力を持つ。それでは徳は、それだけでひとを幸せにする力を備えているのだろうか。徳がその持ち主を幸福にするか否かは、古代でも現代でも徳をめぐり論じられてきた問題である。周知のようにカントは『実践理性批判』「弁証論」において、徳と幸福の概念を異質なものとして区別することなく、徳の意識がそのまま幸福だと説いたというストア派の立場を批判し、徳と幸福の合致のために、神の存在を要請することになる。ただその一方で、有徳な者こそが真に幸福な者であるという信念を、カントは終生持ち続けていたようにもおもわれる。晩年の『人倫の形而上学』で老カントは、徳という強さを所持してのみ、「人間は自由であり、健全であり、豊かであり、王者である等々であって、偶然によっても運命によっても損なわれることはありえない」(VI, 405) と説いているが、こうした徳の自足性の思想はすでに、三十歳前後のカントが残した、オプティミズムをめぐる「レフレクシオーン」に見られる。若きカントによれば、学識や死後の名声や富といったその他の善ではなく、「徳だけが真の幸せ (Glük) をなす」のであり、徳はどのような状況下でも「満足させるなにものかを見いだす」(XVII, 230 : Refl. 3703)。『実践理性批判』「弁証論」でのストア派批判は、このような「徳だけが真の幸せをなす」という、カントの一貫した信念との緊張関係のもとで展開されたものと考えねばならないだろう。実際、一七八〇年代に書かれたものと見られる「レフレクシオーン」では、身体的な状態を善悪無記なものと見なすなら、「ひとは徳それ自体によって幸福たりうる (man kan durch die Tugend an sich glükseelig seyn)」、という発言も見られる (XIX, 309 : Refl. 7311)。

徳はひとつの理念であり、この理念はひとを善へと駆り立て、またひとに真の幸せをもたらす力を持つ。これが批判期の倫理学説の前提となり、またそれとの緊張関係のなかで批判期の倫理学説が展開された、カントの根源的な確信である。こうした前提を踏まえたうえで、実際にカントの徳理論の展開を見ていくことにしたい。

第二節　強さとしての徳

『基礎づけ』と『実践理性批判』という一七八〇年代に書かれたカント倫理学の代表作では、徳の問題は、道徳法則や定言命法などに比べると周辺的な問題にとどまり、[6] また徳が単純に人倫性や道徳性と等置されている箇所もある（IV, 426 Anm., V, 110）。徳の定義は、『宗教論』や『人倫の形而上学』でさまざまなかたちでなされているが、カントの徳の定義の核をなすのは、義務を遵守する道徳的な善さと、強さの二要素である。[7] 徳とは、『宗教論』によれば、「自分の義務を正確に果たす、固く基礎づけられた心根」であり（VI, 23 Anm）、『人倫の形而上学』によれば、「自分の義務にしたがうさいの、人間の準則の強さ」である（VI, 394）。強さのなかで道徳性にかかわるそれが、また道徳性のなかで強さという側面が、カントにとっての徳なのである。それゆえ、一般に強い敵に抵抗する能力と決意が「勇敢さ（Tapferkeit）」という強さであるが、このうちの「私たちのうちなる倫理的な心根の敵」にかかわる強さが、徳であるとされる（VI, 380）。また道徳的に善い人間にあって、「勇気と勇敢さを表示し、したがって敵を前提とする」特質が、徳なのである（VI, 57）。

それが戦うべき内的な敵の存在を前提するために、徳は人間に特有の倫理的なありかたであることになる。実際カントは、『人倫の形而上学』「徳論」の「序論」において、いったん徳を「意志の道徳的な強さ」と定義したうえで、そうした強さは「神聖な（超人間的な）存在者」も備えうるという理由から、徳を「自分の義務にしたがうさいの、人間の意志の道徳的な強さ」と、「人間の」という限定を加えて定義しなおしている（VI, 405）。こうした「神聖性（Heiligkeit）」と徳の対比も、カントの徳をめぐる思考に一貫している。すでに一七六〇年代の道徳哲学の講義録「ヘルダーの実践哲学」でも、徳は「たんに道徳的に善い行為」を示すものではなく、「敵対者の可能性」と「内的な戦い」を含意するゆえに、天使と神には「神聖性はあっても徳はない」とされている（XXVII, 13）。続く一七七〇年代の講義録「ポヴァルスキーの実践哲学」においても、「人間の完全性は徳であって、神聖性ではない」（XXVII, 159）とされる一方で、徳ではなく神聖性こそが、神の特性であるとされる。「神聖性は本来、悪への傾向性を持たないものであり、これは神のみである。徳が人間の真の道徳的な使命である。というのも神聖性には人間は達しえないからである」（XXVII, 165）[8]。『基礎づけ』の時期の講義録「ムロンゴヴィウスの道徳学Ⅱ」でもやはり、「神は神聖であるから、神だけは徳を持たない」とされており（XXIX, 611）、公刊著作では『実践理性批判』の、徳を「戦いにおける道徳的な心根」と特徴づける箇所にも、同様の徳と神聖性との対比が効いている（V, 84）。

さて『純粋理性批判』「序論」では、「道徳性の最高原則および道徳性の根本概念」は、それが「快と不快、欲望や傾向性、選択意思など」の経験的起源を持つ諸概念を前提とするゆえに（A 14f.）、あるいはすくなくとも、そうした諸概念を「克服されるべき障害として」引き入れざるをえないがゆえに（B 28f.）、超越論的哲学には属さないとされていた。徳はまさに、「克服されるべき障害」の存在を前提とする「道徳性の根本概念」であって、それゆえ徳論は超越論的哲学の一部ではありえない。とはいえ徳の概念自体は純粋な理念＝理性概念なのであって、この純粋な理性概念にもとづく徳論はひとつの形而上学、「徳論の形而上学的原理」として展開されることになる。

徳はひとつの理念であり、その徳とは人間存在の倫理的な強さのことである。それではひとはそうした強さを、どのようにして獲得することができるのであろうか。こうした問いにおいて、カントの徳をめぐる思考は、ソクラテスやプラトンの時代以来の徳をめぐる重要問題、「徳は教えられうるか」という問題[9]と交差することになる。

第三節　徳は教えられうるか

まず「徳は教えられうるか」という問題に対する、カントの『人倫の形而上学』での最終的な回答を確認しておきたい。『人倫の形而上学』「徳論」の「方法論」においてカントは、「徳が教えられうるし、教えられなければならないこと（Daß Sie (=Tugend) könne und müsse gelehrt werden）は、徳が生得のものではないことからただちに帰結する。徳論はしたがって理説（Doctrin）である」と、明確に「徳は教えられうる」と断言している。「徳は教えられうる」ことの根拠となっているのは、徳の非生得性であるが、このことの根拠はすでに前段落で示されている。「徳が獲得されなければならない（生得のものではない）ことは、経験に由来する人間学の知識に依拠するまでもなく、すでに徳の概念のうちにふくまれている」。「徳は教えられうる」ことは、徳の非生得性に基づき、その徳の非生得性の根拠は、「徳の概念」

そのもののうちにあるという。すでに見たように徳の概念は、それが戦うべき内的な敵の存在を前提するものであるから、徳はひとにおのずと備わるものではなく、傾向性との「争いにおいて、決意の強さによって」もたらされるのだからである（以上、VI, 477）。『人倫の形而上学』「徳論」の「方法論」のこの箇所を見るかぎりでは、「徳は教えられうるか」という問いに対するカントの態度ははっきりしており、揺るぎないものにも見える。しかし全体としては安定し一貫した徳をめぐるカントの思考のなかで、この「徳は教えられうるか」という問題に対する見解は、例外的に大きく揺れ動いたものであった。

カントがこの問題を古代以来のものとして意識していたことは、「徳は習得されねばならないか」という問いを、「徳について語られうるほとんどすべてを論じつくしている、古代の道徳哲学者たち」も論じたとしている、『宗教論』のある注（VI, 24 Anm.）からも明らかである。この問題に対するカントの発言は、一七七〇年代後半の「レフレクシオーン」にはすでに見られ、「徳は学ばれえないこと（Daß tugend nicht gelernt werde）」と、前段落で見た二十年ほど後の『人倫の形而上学』とは正反対の主張が書き残されている（XIX, 174 : Refl. 6828）。同時期の別の「レフレクシオーン」においては、同じ問題がややくわしく取りあつかわれており、「徳は学ばれうるか」という問いが、ふたつの意味に分解されている。つまりこの問いを、道徳感情の介在なしに、ひとが「徳とはなにか」を理解できるか、という意味にとるなら、答えは「否」であり、また徳を構成する「熟練（fertigkeit）」を獲得することができるかという意味にとるなら、「繰り返しの訓練（Übung）」によって学ばれうる、という考察が展開される（XIX, 266f. : Refl. 7185）。後者の場合では、答えだけを見るかぎりでは、『人倫の形而上学』「徳論」の「方法論」

における のと同様に、「徳は教えられうるか」という問いに肯定の答えが与えられている。ただしその回答の根拠はまったくことなる。これから見るように、徳を「訓練」によって獲得される「熟練(Fertigkeit)」と見ることを、『人倫の形而上学』のカントは退けるからである。「徳は教えられうるか」という問いをめぐるカントの模索は『人倫の形而上学』の刊行直前の時期にいたるまでつづく。カントは「人倫の形而上学への準備草稿」においてもなお、「徳は学ばれえないし(Sie (=Tugend) kann nicht gelernt werden)、生得のものでもない、それゆえに獲得されなければならない」(XXIII, 406)と、本文と同様に徳の非生得性を主張しながらも、「徳は教えられうるか」という問いにかんしては、本文とは正反対の主張をしている。

このように「徳は教えられうるか」という問題に対するカントの関心はかなり早い時期に遡り、『人倫の形而上学』にいたるまでその回答は揺れ動いた。『人倫の形而上学』のカントは、「徳は教えられうる」という立場をとるわけであるが、前段落で見た一七七〇年代の「レフレクシオーン」のような、「訓練」の成果である「熟練」として「徳は教えられうる」という考えは退ける。『人倫の形而上学』「徳論」の「序論」によれば、徳を「熟練(Fertigkeit)」や、「訓練(Übung)によって獲得された、道徳的に善い行為の久しい習慣(Gewohnheit)」と見なしてはならない。そのようなものであれば、徳とはひとつの「メカニズム」のようなものになってしまうからである(VI, 383f.)。同じ「序論」のなかの、「内的自由の原理による徳論について」というタイトルのついた注でも、「熟練」にhabitusというラテン語をあてつつ、徳を「法則に適合した自由な行為の熟練」と定義することはできないとして、この定義に

「行為するにあたって法則の表象によって自分を規定する」と付け加える必要があるとカントは説く。そうでなければ「熟練」は、「自由から生じた」ものではなくなるからである（VI, 407）。カントの場合、徳には自分で自分を規定する「内的自由」が不可欠の条件となるために、「訓練」と「熟練」のみによるのでは、徳は「教えられうる」のでない[10]。

　すると徳が「教えられうる」ためには、徳の「教え」であり、ひとつの「理説」であるところの、「徳論」が必要なのであろうか。とはいえ徳は一方ではひとつの理念であり、それゆえ徳論はひとつの形而上学であったが、他方では徳とは強さであった。徳の理念をめぐる形而上学の教説が、いかにして徳という現実的な強さと結びつきうるのだろうか。カント自身もこうした点についてためらいがあったようで、「人倫の形而上学への準備草稿」には、「徳論の形而上学的原理」というタイトルがすでに、「それを一瞥するだけでも怖気づく、形而上学という深淵に入り込もうとしなければ」、徳とはなにか、徳にどのように達するかを知ることができないかのような、ペダンティックな気取りと受けとられることへの懸念が示されている（XXIII, 374）。『人倫の形而上学』「徳論」の冒頭においてもやはり、まるで「徳が、わずかな人々だけが取りあつかいかたを知っている思弁のことがらである、形而上学という兵器庫からその武器を借りてこなくてはならない」かのような、徳論の「形而上学的原理」という課題が、傾向性と戦う「力とヘラクレス的な強さ」という、徳のイメージに逆らうであろうことを認めている（VI, 375f.）。

　こうしたカントの問題状況を、現代の徳倫理学の文脈に関係づけるなら、たとえばR・ハーストハウスは、「哲学の探求によってしか人は有徳に（あるいは真に有徳に）なることができない」という考えを「プラトン的幻想（platonic fantasy）」と呼び、徳をめぐる事実に明らかに反するものとして退けている[11]。現代の徳倫理学が「幻想」と決めつけて見向きもしない、こうしたプラトニズムを、独特なしかたで果敢に引き受けてみせるところに、晩年のカントの徳倫理学の独自性があるようにおもわれる。

本章の第一節で確認したように、利益という誘因や苦痛という脅しよりも、徳の純粋な表象や概念のほうが、ひとを善行へと動かす強い力を備えているというのが、カントの徳をめぐる基本的な確信のひとつであった。徳を純粋に提示する方法として主にカントが考えているのは、S・エングストロームも指摘しているように[12]、『実践理性批判』「方法論」で言及されるアン・ブーリンのケースのような歴史上の裁判において、いかなる誘惑や脅しにもかかわらずあくまで偽証を拒み続ける人物の例を示すこと（V, 155f.）であろう。そうした「そこから徳概念の純粋さが閃き出る実例」（XIX, 200 : Refl. 6898）をつうじて、「徳の純粋な表象が備える、ひとを動かす力」（V, 152）によって、ひとは徳という強さを獲得しうる。

ただし実例はあくまでひとつの実例にすぎない。真の意味で「徳が教えられうる」ためには、この実例を踏み台として、生徒が自分の思考で徳の原理や理念にまで遡るのでなければならない。『人倫の形而上学』のカントは、自分の思考によってこうした徳の原理や理念へと遡ることの重要性を強調する。たとえば先の『人倫の形而上学』「徳論」冒頭の、「形而上学という兵器庫」の意義への疑念が示される箇所では、カントはそれにつづけて、それでも「徳論の第一根拠を形而上学のうちにさぐる」ことは、無意味ではないし笑うべきことでもないと説く。そうした探求を欠いては、「徳論には確実さも純粋さも期待できない」ことになるし、ここで求められている形而上学の原理は、どこか遠くの天上の世界にあるのではなくて、「それぞれの人間において、その理性素質のうちに内在している、あいまいに考えられた形而上学（dunkel gedachte Metaphysik）」なのだからである。こうした形而上学が各人の理性のうちに潜んでいることに教師は、義務について生徒と「ソクラテス的に問答する」ことで気がつく。それゆえたしかに、義務の述べかたは形而上学的である必要はないし、「言葉はスコラ的である必要はない」けれども、「思想は形而上学の基礎要素にまで遡らなくてはならない」。そうでなければ、徳論の確実性や純粋さばかりでなく、「徳論におけるひとを動かす力（bewegende Kraft in der Tugendlehre）さえ、期待することができない」ことになるからである（以上、VI, 376）。対話的な手法によって、各人のうちなる、徳の形而上学的な原理や純粋な理念にまで遡り、その「ひとを動かす力」に触れることで、ひとは強さとしての徳を獲得しうる。これが「徳は教えられうるか」という問題に対する、カントの最終的な回答であったようにおもわれる。

おわりに

本章で検討してきたのは、徳とその理念をめぐるカントの基本的ないくつかの確信と、その確信と連関する、「徳は教えられうるか」という問題に対するカントの回答であった。徳がひとつの理念、ないしは「イデアール」であることは、かなり早い時期からのカントの確信であり、『純粋理性批判』以降の哲学的諸学の区分によれば、純粋な徳の理念＝理性概念にもとづく徳論は、ひとつの形而上学であることになる。こうした徳論の形而上学という性格と、内的な敵と戦う「強さ」という徳の性格の整合的な関連づけにカントは苦慮したようであり、「徳は教えられうるか」という問題に対する回答の変動に、その苦闘の様子がうかがえる。カントは最終的には、徳論という形而上学を、各人の理性のうちに内在した「あいまいに考えられた形而上学」(VI, 376) と位置づけ、こうした各人のうちなる形而上学に遡り、その純粋な原理が備える「ひとを動かす力」によって、強さとしての徳を獲得しうると考えるようになる。カントの徳をめぐる思考に一貫し、また「徳は教えられうるか」という問いへのカントの最終的な回答の背後にあったのは、理念であるとされるもの、つまり道徳的に純粋なものに対する、ひとびとの感受性への強い信頼である。

　ところで「あいまいに考えられた形而上学」という発想は、『人倫の形而上学』の「徳論」に限定されたものではなく、『人倫の形而上学』全体の「序言」や「序論」でもくりかえし語られている。「たんなる概念にもとづくア・プリオリな認識の体系」である「人倫の形而上学」を、「それぞれの人間は、もちろん通常はあいまいなしかたであるが、自分のうちに持っている」(VI, 216)。こうした意味では「通常の人間理性 (die gesunde Vernunft)」もまた、「それとは自覚していない、形而上学者」なのである (VI, 206)。カントの人倫の形而上学と実践的理念の理論において、薄暗い洞窟のなかの囚人は、その外部の別の世界に出て行くことを必要とはしない。まずは自己のうちにひそむ、「ひとを動かす力」を備えた、純粋な形而上学の原理と理念を探り当てるべきなのである。

註

〔1〕カント倫理学と現代の徳倫理学の対話はすでに、Betzler (ed.), *Kant's Ethics of Virtue* および Jost and Wuerth (ed.), *Perfecting Virtue* といった論集や、Esser, *Eine Ethik für Endliche.* といった研究書などでこころみられている。論者のひとりの定式化を借用すれば（Thomas E. Hill, Jr., Kantian Virtue and 'Virtue Ethics', p. 58）、「有徳な人物がそれをするであろうから、行為は正しいのか、それとも、その行為が正しいから、有徳な人物はそれをなすのか」という二者択一において、カントなら後者だと（そして標準的な徳倫理学者なら前者だと）答えるかぎり、カント倫理学と徳倫理学には基本的な立場のちがいがある。とはいえ正しい行為への問いは、それだけで完結せずに、それを一貫して行う性格としての徳への問いへ、さらにそうした性格を備えた有徳な人格への問いへといたる必然性があるはずであり、そこにカントと徳倫理学の対話の余地があると筆者は考える。また本章の初出の論文の発表ののち、二〇二一年の日本カント協会のシンポジウムで、「カントと徳倫理学」が取りあげられた。徳概念の歴史および徳倫理学の多様なバリエーションから見たカントの徳理論の位置づけについては土橋「カントの徳理論と徳倫理学の諸相」を、『人倫の形而上学』における徳理論の構造については千葉「カントの『道徳の形而上学』における徳理論の構造」を、有徳な性格の形成という問題については大森「徳への問いと批判哲学の射程」を、それぞれ参照されたい。

〔2〕『純粋理性批判』において、「個体的な（in individuo）理念」として、「理想（Ideal）」が「理念」一般から明確に区別される（A568/B596）にいたる以前に、カントが用いるIdealの語を、本章ではそのまま「イデ

アール」というカタカナで置き換える。第三章第三節でも指摘したように、『純粋理性批判』に先立つ時期のカントは、IdeeとIdealの明確な区別にいたっていない。

〔3〕 カントにおけるこれらの古代の諸学派の「イデアール」の問題については、本書第七章第二節でくわしく取りあげる。

〔4〕 これらの『人倫の形而上学』の「法論」の分野での理念や「イデアール」の問題については、本書第六章で主題的に検討する。

〔5〕 公刊された著作の範囲で言えば、『視霊者の夢』で展開された霊魂の世界論が、「レフレクシオーン」での「イデアール」をめぐる思考に対応する水準のものであろう。浜田義文は、『視霊者の夢』で「霊界＝道徳的世界」が、「顕著な理念性と仮構性」を備えた「一種の形而上学的世界として提示される」ことに注意を促していた（浜田『カント倫理学の成立』一八〇頁）。

〔6〕 ただこれまで前批判期の「レフレクシオーン」や講義録などを参照しつつ確認したように、徳は『基礎づけ』や『実践理性批判』を刊行するはるか以前からのカントの関心事である。カントが晩年の『人倫の形而上学』の「徳論」ではじめて徳の問題に取り組んだという、よくある理解は正しくない。M・キューンは、ア・プリオリなもののア・ポステリオリなものからの分離という、『基礎づけ』と『実践理性批判』に特殊な課題のゆえに、両作品では徳の問題が重要な役割を果たさなかったと指摘している（Kuehn, Kant's *Metaphysics of Morals*, p. 21f.）。

〔7〕 カントにとって、さまざまな徳に共通のコアは、「正しいことを行う、善くて強い意志（a good and strong will）である」（Hill, Jr., Kantian Virtue and 'Virtue Ethics', p. 41）。またWood, Kant and agent-oriented ethics, p. 69 f. も参照。

〔8〕「ポヴァルスキーの実践哲学」にはこの他に、「自然的な道徳」の命じる「徳」と、「神の意志にしたがって道徳法則を遵守する準則」であるという「敬虔さ（Frömmigkeit）」という、やや珍しい対比も登場する（XXVII, 169f.）。

〔9〕カントは「徳は教えられ（gelehrt werden）うるか」よりも、「徳は学ばれ（gelernt werden）うるか」と問題を定式化することが多いが、本章では両者の区別にこだわらずに、実質的に同じ「徳は教えられうるか」という問題として取り扱う。

〔10〕こうした点において「徳は教えられうるか」という問いは、強制としての教育とその目標としての自由のあいだでの、カントの教育論の周知のアポリアにつうじる問題を孕んでいる。このアポリアについては、小野原「自由への教育」二一二〜二二二頁を参照。本章のこの問題に対する態度は、かつて大森一三がこのアポリアについて示してみせた解決策に近い。大森「カント教育論における自由と開化のアンチノミー」、とくに一九八〜二〇〇頁を参照されたい。

〔11〕Hursthouse, *On Virtue Ethics*, p. 136–9.（邦訳：二〇七〜二一二頁）

〔12〕Engstrom, The Inner Freedom of Virtue, p. 312.

第六章　共和国と共同体

はじめに

カントの晩年の著作『人倫の形而上学』は、「法論」と「徳論」のふたつの部分からなる。後者の「徳論」のもっとも中心的な概念である「徳」は、前章で主題的に論じたように、カントにとってはあくまで一貫して、ひとつの理念であった。そして「徳論」の対をなす「法論」があつかう法哲学・社会哲学においても、カントにとっての一貫した理念がある。それがプラトンの共和国とホッブズの自然状態という、対極にあるふたつの理念である。

前者のプラトンの共和国の理念については、感性界と可想界を区分し、現象から独立した純粋な知性の原理の余地が認められることになった一七七〇年の教授就任論文「可感界と可想界の形式と原理について」において、すでに純粋な知性の原理の典型例として名指されている。「認識の共通の尺度であり原理」であるという「最大量（*Maximum*）」について、「完全性の最大量は今日では理想と呼ばれ、プラトンではイデアである（プラトンの共和国のイデア（idea reipublicae）のように）」（II, 396）とされる。このようにイデア（idea）＝理念（Idee）の典型例としてプラトンの共和国を挙げることは、これからすぐ見るように、『純粋理性批判』でもなされているが、カントにとってはなによりもプラトンの共和国こそが、典型的な理念であった。これもこれから見るように、カントは一七九〇年代に自分の政治哲学・共同体論を展開するようになるが、そのさいにも一貫してひとつの理念としてのプラトンの共和国が念頭にあったものと考えられる。『人倫の形而上学』出版の翌年、一七九八年に刊行されたカント最晩年の著作『諸学部の争い』においても、老カントはなおもプラトン的な共和国の理想について語るからである。そこでカントは、「人間の自然権と合致した憲法という理念」にそくして、純粋理性によって考えられた「プラトン的理想と呼ばれる（respublica noumenon）〔ヌーメノン的共和国〕共同体」について、それは「空虚な妄想ではなくて、総じてすべての市民的体制によって永遠の規範であり、すべての戦争を遠ざける」と語る（VII, 90f.）。カントの共同体をめぐる思考の一方の極には、つねにこうしたプラトンの共和国の理想があり、『永遠平和のために』や『人倫の形而上学』「法論」等の作品を生み出す、思考の磁場を形成していたと想定できる。

そしてカントの共同体論のもう一方の極には、ホッブズの自然状態がある。一七七〇年の「形式と原理」より早い、一七六四年から一七六八年ごろに書かれたものと見られている、カントの遺稿「レフレクシオーン　六五九三番」(1)には、「リヴァイアサン、すなわち、人間の本性にしたがった社会状態」という一文があるほか、「自然状態、すなわち、ホッブズのイデアール（ein Ideal des hobbes）。ここでは自然状態における法が考察されるのであって、事実が考察されるのではない。自然状態から脱却することは任意のことではなくて法の規則にしたがって必然的であることが証明される」とある（XIX, 99f.; Refl. 6593）。カントにとって自然状態とは「ホッブズのイデアール」つまり理想であり、事実ではなく法が問題となる、そこから必然的に脱却すべき状態なのである。

こうした「ホッブズのイデアール」としての自然状態の理解も、これから辿るように、カントの思考に一貫している。(2)それは個人と個人のあいだ、国家と国家のあいだ、さらには哲学上の学派と学派のあいだという、カントの「あいだ」をめぐる思考において、つねにそこから脱却すべき極限の理念的な状態とされるのであり、カントの共同体をめぐる思考を駆動する、「プラトンの共和国」とならぶもう一方の理念となるのである。

本章では、こうしたプラトンの共和国とホッブズの自然状態という、対極に位置づけられる理念の観点から、カントの共同体をめぐる思考に一貫したものを概観する。(3)まず『純粋理性批判』における、理性批判というカント哲学の基本的課題のなかでの構図の原型を確認したうえで（第一節）、一七九〇年代に『たんなる理性の限界内の宗教』や「「理論では正しいかもしれないが、実践には役立たない」という俗言について」（以後、「理論と実践」と略）、『永遠平和のために』（以後、『平和論』と略）といった作品で展開されている、カントの共同体論を、上のふたつの理念の観点から読み解くことをこころみる（第二節）。最後に、上のふたつの理念に駆動されたカントの思考が最終的に辿りついた地点として、『人倫の形而上学』「法論」の議論を取りあげる（第三節）。

第一節　『純粋理性批判』における原型

『純粋理性批判』においてカントは、プラトンのイデアに由来する「理念」ということばを導入するにあたり、まず「徳の純粋な理念」（A 315 / B 372）を例として挙げたうえで、次に「プラトンの共和国（*die platonische Republik*）」（A 316 / B 372）を例としている。この理念は空想的なものとして、ブルッカーらに嘲笑されているが、カントはむしろこの思想をより追究しようとする。『純粋理性批判』でのカントによれば、この「プラトンの共和国」とは、「各人の自由が他者の自由とともに両立しうるようにする、法則にしたがった人間の最大の自由の体制」という必然的な理念であって、この理念は「国家体制の最初の構想にあってばかりでなく、すべての法則の根底にも置かれなければならない」ものなのである（A 316 / B 373）。

ここに「プラトンの共和国」のもとに導入されているのは、「理念」という概念であるとともに、カントの法哲学のもっとも根本的な原理でもある。カントにとって法とは、端的に言えば、先の箇所での「プラトンの共和国」の記述のように、共同体の各人の自由が両立しうることを求めるものだからである。[4] のちにカントは『宗教論』では、「各人の自由を、そのもとでそれがあらゆる他者の自由と、普遍的法則にしたがって両立しうる条件に制限すること」が、「すべての外的な法の原理」であると指摘し (VI, 98)、『人倫の形而上学』「法論」でも、「どのような行為であれ、それが正しいと言われるのは、その行為あるいはその行為の準則によって各人の選択意思の自由が、万人の自由と普遍的法則にしたがって両立しうる場合である」というものを、「法の普遍的原理」としている (VI, 230)。こうした法の原理の定式化は、『宗教論』や『人倫の形而上学』「法論」といった一七九〇年代の著作に先立って、一七八〇年代の講義録にも見られるが[5]、このように『純粋理性批判』の「プラトンの共和国」の理念がカントの批判期の思想にもたらしたのは、法と、法が支配すべき共同体をめぐる、カントのもっとも基本的な思想なのである[6]。

そして『純粋理性批判』において、この「プラトンの共和国」の理念の対極にあるのが、第一版「序文」に登場する、形而上学という「こうした果てしない争いの生じる戦場 (Kampfplatz)」(A VIII) である。カントは『純粋理性批判』の第一版を、独断論者たちの専制的な支配にはじまり、内乱や懐疑論者たちの侵攻などを経て、いつまでも争いが続くこの形而上学の「戦場」の戦史を語ることから書きだし、またその文脈のなかで、「理性批判」という一書の課題が必要となる次第を示していた。形而上学においてはこのようにいつまでも争いが絶えないが、人間は形而上学に無関心でいることはできない。そこで

「理性のすべての仕事のなかでもっとも困難な仕事、すなわち自己認識という仕事に新たに着手し、ひとつの法廷（Gerichtshof）を設立すること」が理性に対して請求されるのであり、「この法廷こそが、純粋理性の批判そのものにほかならない」（A XI-XII）。『純粋理性批判』とは、形而上学における諸学派の戦争状態である自然状態を克服し、各人の自由が両立しうる法が支配する状態をもたらすための、「法廷」にほかならないのである。

そうした自然状態と理性批判という「法廷」の関係を、『純粋理性批判』「超越論的方法論」がより整理されたかたちで説明している。「純粋理性の批判は、純粋理性のすべての抗争状態に対する真の法廷」と見なすことができるけれども、その一方で「批判の存在しないところでは、理性はいわば自然状態にある」。ところでその自然状態とは、先ほど見た一七六〇年代の「レフレクシオーン」にもあったように、『純粋理性批判』のカントにとっても、「ホッブズのイデアール」である。「ホッブズが主張するように、自然状態とは不法と暴力との支配する状態であり、ひとは不可避的にこの自然状態を抜けだして、法的強制に服従しなければならない」。こと純粋理性の、つまり形而上学の諸学派の自然状態においては、「理性は自分の主張や要求を貫徹し、あるいは確立しうるために、戦争（Krieg）によるほかはない」。批判はこれに対して、だれも疑いようのない威信を備えた理性自身が制定した根本原則からすべての決定を抽きだす。「そうした批判によって、私たちには平安な法状態が与えられるのであって、法状態において私たちは、抗争状態を訴訟（Prozeß）による以外は生じさせてはならない」。人間理性の自然状態における「戦争」に、批判が創設する法状態においては「訴訟」がとって代わるのである。また「紛争を自然状態において終結させるのは勝利（Sieg）である」が、この勝利はあい戦う双方が主張するから、「たんに不安定な平和」でしかない。これに対して「法状態にあって、紛争に終結を告げるものは判決（Sentenz）」であり、「判決はここでは紛争状態そのものの源泉にかかわるかぎり、それが保証するのは永遠平和（ein ewiger Frieden）でなければならない」。自然状態における「戦争」の「勝利」ではなく、法状態の「訴訟」の「判決」こそが、「永遠平和」をもたらすのである。この「永遠平和」を実現するため、ホッブズが説いていたように、私たちは自然状態を去り、法的強制に服従しなければならない。「この法的強制のみがひとり私たちの自由を制限して、それがあらゆる他者たちの自由と両立し、まさにそのことをつうじて公共の利益と両立する次第を可能とする」（以上、A 751f. / B 779f.）。ホッブズの自然状態を克服するため、共通の法的強制に服従することでもたらされるのは、各人の自由が他者たちの自由と両立しうる条件に制限された体制、まさに「プラトンの共和国」の状態である。

このように「ホッブズのイデアール」としての、戦争状態である自然状態から、ひとつの理性批判という「法廷」の設立によって[7]、訴訟が戦争に、判決が勝利にとって代わり、人間理性の永遠平和と、各人の自由が両立しうる「プラトンの共和国」を実現するのが、『純粋理性批判』の根本的な課題である[8]。『純粋理性批判』の「戦争」や「永遠平和」はあくまで哲学の諸学派にかんするものであり、こうした哲学の諸学派の戦争と平和をカントは晩年にもう一度問題としているが[9]、まずそうした自然状態の「戦争」と「永遠平和」の問題は、『純粋理性批判』において問題となっていたことに注意しておく必要があるであろう。浜田義文が指摘していたように、「カントの場合」、「永遠平和」にかんする「政治哲学的発言がじつは理性批判の問題意識と深く関連しており、むしろ前者が後者に基づきこれから発していることを知らなければならない」のであり、また「じつはカントの場合、「哲学における永遠平和」が政治の領域での「永遠平和」の基礎をなし、それを方向づけていることが重ねて注意されるべきである」[10]。そして本章が問題としている「ホッブズの自然状態」と「プラトンの共和国」という理念をめぐる思考も、『純粋理性批判』において、たんなる二次的なメタファーであるのではなく、むしろこれが原型となって、カントが一七九〇年代に入って人間の共同体を論じるさいに活きているのである。次節では『人倫の形而上学』「法論」より前の作品での、そうしたカントの議論の展開を辿りたい。

第二節　一七九〇年代における展開

カントの一七八〇年代の著作では、一七八五年の『人倫の形而上学の基礎づけ』において、よく知られているように「目的の国」という理想国家が登場する。『基礎づけ』ではこの「目的の国」について、自然状態との対比や、その設立の過程についての説明などはなされていないが、カントにとってはこの「目的の国」という理想国も、ひとつの「実践的理念」である（IV, 436 Anm.）。そして一七九三年の『宗教論』第3編では、こうした道徳的な理想国が、ホッブズ的な自然状態と対比させられることになる。この一七九三年の著作で問題となる道徳的な理想国は、「徳の（善の原理の）国」であって、このein Reich der Tugend（徳の国）の「理念は人間理性のうちに、そのまったく十分に根拠づけられた客観的実在性を持つ」(VI, 95)。こうしたプラトン的な理想国家が、ホッブズ的な自然状態と対比されるのである。

『宗教論』第3編は冒頭で、二種類の市民状態と、二種類の自然状態を導入している。まず「法的に市民的(政治的)状態」とは、強制法である「公の法律」のもとにある人間相互の関係であるが、これに対し「たんなる徳の法則のもとで」人間が統一されている状態が「倫理的に市民的な状態」であって、これが先の「徳の国」にあたる。そして「法的に市民的状態には法的な……つまり法律的な自然状態が対立されるが、それと同じように倫理的に市民的な状態から倫理的な自然状態は区別される」。法的と倫理的、どちらの自然状態でも、各人は「自分自身の裁き手」であって、共通の権威が欠けている。このようにしてまず、カントは二種類の市民状態と自然状態を導入する(以上、VI, 95)。

こうした法的および倫理的な自然状態は、『純粋理性批判』においてそうであったように、『宗教論』においてもホッブズ的な戦争状態である。「法律的な自然状態が万人の万人に対する戦争状態であるように、倫理的自然状態も、人間のうちに、また同時に他のいかなる人間のうちにも見出される悪によってたえず戦いをしかけられる状態」であって、「倫理的自然状態」にあって人間たちは「たがいに相手の道徳的素質を腐敗させあう」(VI, 96f.)。「倫理的自然状態」はここでは明らかに「法律的な自然状態」とのアナロジーによって考えられているが、その「法律的な自然状態」のモデルは、もちろんホッブズのそれである。こうした二種類の自然状態から、人間は脱すべきであることを説く箇所につけた注で、カントはホッブズの「人間の自然状態は万人の万人に対する戦争である(status hominum naturalis est bellum omnium in omnes)」という命題を引用し、この自然状態の定義について、現実の敵対行為だけでなく、相互に武装していなければならない敵対状態もふくめるために、「戦争（bellum）」ではなく「戦争状態（status belli）」と修正べきこと以外に、誤りはないとしている（VI, 97 Anm.）。この修正意見は、ホッブズにしてみればなにもカントに指摘されるまでもない論点であるが、[11] ともかく『純粋理性批判』だけでなく『宗教論』においても、カントはホッブズの自然状態のイメージを取り入れているのである。この自然状態がひとつの理念であることは、『純粋理性批判』でも『宗教論』でも強調されていないが、『宗教論』刊行とほぼ同時期の講義に由来する講義録「ヴィギランティウスの人倫の形而上学」では、「自然状態（status naturalis）」は、人間のたがいの私的関係を各人の自由にかんして判定するための、今も過去にも実在しない「たんなる理性理念（eine bloße Vernunft-Idee）」であるとされている（XXVII, 589）。またカントは国家間の関係についても、ホッブズのbellum omnium contra omnesの冒頭をstatus belliと変えるべきことを、ここでもまた提案したうえで、この自然状態が歴史によって証明されるような「事実」ではなく、「理念における自然状態」であると説いている（XXVII, 591）。

ホッブズ的な自然状態、とりわけ『宗教論』第3編の文脈では倫理的な自然状態を脱し、人間は市民状態に加入しなければならない。最高の人倫的善を実現しうるそうした市民状態という全体が、「徳の法則のもとでの共和国」（VI, 100）、あるいは「徳の法則にもとづく普遍的な共和国」であって、これはひとつの理念である（VI, 98）。『純粋理性批判』と同様、『宗教論』においても、ホッブズ的な自然状態の対極にあるのは、（プラトン的な）共和国のありかたなのである。

こうした自然状態と市民状態ないしは共和国の対比は、『純粋理性批判』や『宗教論』では哲学の諸学派や人間の倫理的状態を捉えるためのいわば引き立て役として用いられており、そのもともとの議論の出どころである政治哲学や社会哲学の問題は焦点化されていない。カントの政治哲学や社会哲学の議論がはじめて著作において主題的に展開されたのは、『宗教論』と同じ一七九三年の「理論と実践」においてである。「理論と実践」においても、プラトン的な共和国のありかたは法の原理として、つまり「各人の自由がすべてのひとの自由と両立する条件へと制限すること」（VIII, 289f.）であり、「他のすべてのひとの自由を、私の自由と普遍的法則にしたがって両立しうる条件へと制限すること」（VIII, 292）である法として、前提されている。そうした法が支配する状態を実現するものとして、「理論と実践」で打ち出されるのは、「根源的契約」という社会契約の理念である。

　カントは遺稿では以前から理念としての社会契約に言及しているが[12]、「理論と実践」においてはじめて、「根源的契約」としての社会契約が主題的に論じられる。「根源的契約」とは、「普遍的な（統一された）人民の意志からだけ生じうる根本法」であり（VIII, 295）、この根源的契約にもとづいてのみ、「公共体は設立されうる」（VIII, 297）。こうした根源的契約は、ひとつの理念である。根源的契約は「ひとつの事実として前提する必要はまったくない」のであって、むしろ立法が人民全体の統一した意志にもとづいて生じうるように立法者を義務づけるこの契約は、「ひとつのたんなる理性の理念」である。とはいえこの理念はたんなる空想ではなく、「疑う余地のない（実践的な）実在性を持っている。……というのも、それはあらゆる公法の正当性の試金石なのだからである」（以上、VIII, 297）。この根源的契約という理念はなにより、立法者に確実な理性にもとづく基準を与えるものである。法が法の原理と合致するかと立法者が自問する場合には、「立法者はかの根源的契約の理念をまちがいのない尺度として、しかもア・プリオリに、手もとに持っている」(VIII, 299)。こうした「根源的契約の理念」は、「つねに理性において根底に存している」(VIII, 302)のであって、実際に締結されたものとして想定される必要はない。こうした「根源的契約」の理念としての位置づけにより、カントにおいては社会契約も、ひとつの理念として位置づけられる。人民の幸福が問題なのではなく、「なにが正しいのか」という問いにかんしては、「社会契約の理念は、反論の余地のない威信を保つであろう」し、しかもそれは「事実としてではない。……むしろすべての公的な法的体制一般を判定する理性原理としてだけ」なのである(VIII, 302)。こうして「根源的契約」としての社会契約は、カントにあって、国家の正しさを判定するための理性のうちなる理念とされる。このカントの社会契約は、ホッブズのそれのように、最高命令者がすべての権利を人民から奪うものではなく、むしろ「最高命令者の意志は、ただ普遍的な人民の意志を代表することによってのみ、市民としての臣民に命令を与える」(VIII, 304)という、人民の意志の代表制というかたちを取る。この人民の意志の代表という仕組みは、やがて『人倫の形而上学』「法論」でより詳細に論じられることになるであろう。

以上で見てきたのは、「理論と実践」の第二章である「国家法における理論と実践の関係について」における、国家を構成する法についての議論であるが、第三章の「国際法における理論と実践の関係について」では、国家と国家の関係をめぐる、国際法の領域が展望されている。ちょうど諸個人が自然状態における「全面的な暴力」のために、公法が支配する状態に、つまり「国家市民的体制」に入らなければならかったように、諸国家も、「戦争がずっと続くことから生じる困窮」のゆえに、「世界市民的体制」に入らざるをえない。この体制は「普遍的平和の状態」であるが、あまりに巨大な世界国家には専制的な支配の恐れがあるのであれば、「たしかにひとりの元首のもとでの世界市民的公共体ではないとはいえ、それでも共同して取り決められたひとつの国際法にしたがう連邦という法的状態」が実現されなければならない（VIII, 310f.）。「理論と実践」では簡単な議論しかなされていないこうした戦争と平和の問題を主題的に論じるのが、一七九五年の『平和論』である。(13)

『平和論』では第一章で永遠平和のための六つの予備条項が、第二章では三つの確定条項が提示される。第一章の予備条項においても、国家の併合は「道徳的人格」である国家を物件とすることであり、「それなしでは人民に対するいかなる法も考えられない、根源的契約の理念に矛盾する」（VIII, 344）という、「理論と実践」で導入された「根源的契約の理念」という思想や、「戦争は、自然状態において（この状態においては、法的な効力をそなえた判決をくだす裁判所がない）、暴力によって自分の権利を主張するという、悲しむべき非常手段にすぎない」（VIII, 346）という、共通の法廷を欠く自然状態は戦争状態であるとする『純粋理性批判』や『宗教論』以来の自然状態論などが見られる。ただ『平和論』の思想の新しさは第二章の確定条項にあり、ここではじめて、カントの「共和国」構想が主題的に展開されている。第二章の第一確定条項「各国家における市民的体制は、共和的でなければならない」において、社会の各成員の、自由、共同の立法への従属、平等、この三点にもとづく体制こそが、「根源的契約の理念から生じる唯一の体制であり、この理念に人民の合法的なすべての立法がもとづいていなければならないのであるが、こうした体制が共和的である」（VIII, 349f.）と、根源的契約の理念にもとづく体制こそが「共和的」であるとされる。「共和的体制」は、カントによれば、この著作で主に問題である「望ましい結果である永遠平和への展望」を持つ体制であるが、それ以前に「その根源が純粋であり、法概念という純粋な源泉から生じる」体制なのである（VIII, 351）。そして『平和論』では共和制は、もっぱら執行権と立法権の分離に求められる。統治者の人数を問題とする「支配の形態」によれば、国家は君主制と貴族制と民衆制に区分されるが、国家権力の行使のしかたにかんする「統治の形態」の観点では、国家は共和的であるか専制的であるかのいずれかであり、「共和制は、執行権（統治権）を立法権から分離することを国家原理とするが、これに対して専制は、国家がみずから与えた法を専制的に執行することを国家原理とする」（VIII, 352）。『平和論』の議論の枠内では、カントにとってプラトン的な「共和国」は、根源的契約にもとづき、執行権と立法権を分離する国家なのである。この他にも「共和的統治方式はこうした代表制度においてのみ可能であり、この制度を欠くと、それは（どのような体制であろうとも）専制的で暴力的なものとなる」と、共和制に不可欠な要素として代表制度が挙げられ、この代表制度を知らなかったために「古代のいわゆる共和国」は専制へと解体したと指摘されるが（VIII, 353）、代表制度についてのより正確な位置づけは、『人倫の形而上学』「法論」を待たなければならない。ともかく『平和論』のカントにとっては、「共和的な体制は、人間の法に完全に適合する唯一の体制」（VIII, 366）なのである。

個々の国家のありかたは共和的でなければならないと説く第一確定条項に対し、第二確定条項「国際法は、自由な諸国家の連合制度に基礎づけられるべきである」は、国家間の関係を規定する国際法の問題を論じるが、まず個々の国家も個々人と同様に、自然状態においては戦争状態にあるとされる。「国家としてまとまっている人民は、個々の人間と同じように判定されてよい。つまり諸人民は、その自然状態においては（つまり外的法則に拘束されていない場合は）、となりあっているだけですでにたがいに害しあっているのである」（VIII, 354）。戦争状態としての自然状態という「ホッブズのイデアール」は、国家間の関係にも適用されるのである。とりわけ第二確定条項の第三段落は、「人間の本性の邪悪は、諸人民の自由な関係のうちにあからさまに現れる」のであり、人間のうちなる道徳的素質が「人間のうちなる悪の原理（人間はこの原理の存在を否認できない）」を制圧しなければならないとするなど（VIII, 355）、『宗教論』の根源悪の思想が、国際法の場面に登場していることを感じさせる論述となっている。こうした根源悪にまみれた自然状態から脱するためには、諸人民は「市民的体制と類似した体制」に入るべきであり、その体制とは「国際連合」である（VIII, 354）。諸国家は、共通の法廷がある場合には「訴訟」によって自分の権利を求めるが、そうした法廷がない場合には「戦争」によるしかなく、しかしその「勝利」によっては、たとえ「今回の戦争」は終わったとしても、「戦争状態」は終わることがない。それゆえ、『純粋理性批判』において純粋理性のために「理性批判」という法廷が必要であるとされたように、「理性は道徳的に立法する最高権力の座から、係争解決の手続きとしての戦争を断乎として処罰し、これに対して平和の状態を直接の義務とする」が、それを叶えるのが諸国家の「平和連合」である。この平和連合は個々の戦争の終結ではなく、「すべての戦争が永遠に終結するのをめざす」（以上、VIII,

355f.)。このように、戦争状態としての自然状態から、共通の法廷がある「市民状態」への移行というロジックは、国際法の場面でも展開されるのである。

以上のように、一七九五年の『平和論』において、国家法におけるプラトン的な「共和国」の基本的な特徴と、国際法におけるホッブズ的な戦争状態としての「自然状態」からの脱出という思想は、すでに確認することができる。ただ『平和論』は小著であり、両者はあくまで簡単にスケッチされているにすぎない。とりわけ「共和国」ないしは「共和制」については、立法権と執行権の分離は打ち出されているものの、立法権が人民に属するという議論の前提が明確に示されていないため、「法律の正義とそれを可能にする国家市民による立法との関連がうまく表現されていない[14]」。カントの最終的な「共和国」論と、国際的な戦争状態としての「自然状態」を克服する枠組みは、晩年の一七九七年の著作『人倫の形而上学』の「法論」に求めなければならない。

第三節　『人倫の形而上学』「法論」における結実

カントの『人倫の形而上学』「法論」は、第一部の「私法」と第二部の「公法」からなる。第一部の「私法」の主題である所有権の議論は、それまでのカントの著作には見られなかった新しいものであるが、その基本的な特徴は、所有を人間と物件の関係ではなく、人間と人間の関係の問題として考えるところにあると言ってよいであろう[15]。カントの所有権論の中心概念である「可想的占有」は、占有の感性的条件である「人格と諸対象との関係」を度外視してもなお残る、「一箇の人格の〈他の〉諸人格に対する関係」(VI, 268)を主な内容とするものである。またカントの所有権論にもっとも根本的な根拠づけを与えるのは、土地の「根源的共有」(VI, 251)ないしは「根源的な総体的占有」(VI, 262)の概念である。これらの「根源的な」共同占有の概念はともに、時間的条件に依存する「原始的な」共同占有の概念から区別されている。[16]「原始的な総体的占有」は「原始的」という時間条件に依存した、「捏造されたもの」であるがゆえに、他方ではだんじて証明できない」ものであるが、これに対して「根源的な総体的占有の概念はむしろ一箇の実践的な理性概念」なのである(VI, 262)。

「可想的占有」にもとづいて、また「根源的な総体的占有」を理論的背景として、『人倫の形而上学』「法論」のカントは自然状態でも所有権が成り立つことを認める。しかし自然状態では所有権はまだ「暫定的」であって、市民的体制においてはじめて、所有権は「確定的」になる。自然状態は『人倫の形而上学』「法論」のカントにとっても、戦争状態という「ホッブズのイデアール」である。「法論」第一部「私法」の最終節である第四十二節によれば、相互的な侵害からの保証がないかぎり、敵対関係がつづくことは、「だれであれ人間が一般に傾向として、他者たちに対して主人として振舞おうとすること……を自分自身のうちで十分感知することができるのだから、現実の敵対行為を待つまでもなく」明らかである(VI, 307)。また第二部「公法」の二節目の第四十四節では、第四十二節のような人間学的な観点が背後に退いて、「人間がたとえどれほど善良で正義を愛するものと考えられたとしても」、公的に法則的な状態が設立されないかぎり人間たちが相互的な暴力的行為のまえで安寧ではありえないことは、「そうした（法的ではない）状態にかんする理性理念のうちにふくまれているのである」（VI, 312）と、戦争状態としての自然状態が、人間学的な観察から独立した「理性理念（Vernunftidee）」であることが強調されている。[17] ともあれ、『人倫の形而上学』「法論」のカントにとっても自然状態は、ホッブズ的な戦争状態であり、しかも「理性理念」なのである。

『人倫の形而上学』「法論」では、第二部「公法」の第四十五節から第四十九節において、カントの「理念における国家」の議論が展開されている。[18] 国家とは、法の諸法則のもとにおける人間たちの集合の統合であり、その法の法則がア・プリオリに必然的あるかぎり、国家は「理念における国家（der Statt *in der Idee*）」である。そしてこの理念としての国家には、三つの権力がふくまれているという。それは「立法者という人格における統治権」と、「執政者という人格における執行権」、および「裁判官という人格における……裁判権」であって、これらは実践的三段論法の大前提、小前提、結論に対応している（以上、VI, 313）。一七九五年の『平和論』ではもっぱら執行権と立法権の分離だけが問題となっていたが、『人倫の形而上学』「法論」では独立した人格としての裁判権が加わることで、カントの三権分立論が成立している。

そして『平和論』では、執行権から分離した立法権が人民に属することが、必ずしもはっきりと示されていなかった。この点でも『人倫の形而上学』「法論」は理論的に進んでいる。「立法権はひとり、人民の統合された意志にのみ帰属することができる」（VI, 313）のであって、「ひとり万人の一致し、かつ統合された意志のみが、各人が万人にかんし、万人が各人にかんして、まったく同一のことがらを決定するかぎりで立法的でありえ、したがってまたひとり普遍的に統合された人民の意志のみが立法的でありうる」(VI, 313f.)。この立法権をはじめとする三権からなる国家を構成する行為、「その行為をつうじて人民自身がみずからをひとつの国家へと構成する行為」は、『人倫の形而上学』「法論」のカントにとっても「根源的契約」であって、この契約は「当の理念にしたがってのみ国家の正当性が思考されうる」理念なのである(VI, 315)。そして執行権を司る「国家の元首」は「国家の代理人である」(VI, 316)と、人民の立法権と元首の執行権のあいだに代表制度が位置づけられる。このため「人民という支配者(立法者)が、したがって同時に元首であることはできない」のであり、また同時に立法者も元首も「裁判を執りおこなうことはできない」(VI, 317)。こうした三つの分立された権力の統合において成り立つのが「国家の健全さ」であって、この状態は「当の体制が法の諸原理と最大限に一致している状態であって、そうした状態に向かって努力すべく、理性は私たちを一箇の定言命法をつうじて拘束し、義務を負わせている」のである(VI, 318)。

ここまでが『人倫の形而上学』「法論」における「理念における国家」の議論であるが、『人倫の形而上学』「法論」では、そうした理想国を実現する体制として、共和制が位置づけられている。『人倫の形而上学』「法論」において共和制のもっとも主要なメルクマールは、立法権と執行権の分離にではなく、むしろ人民の代議制に求められる。純粋共和制とは「ただひとつ永続的な国家体制であって、そこでは法則がみずから支配しており、どのような特定の人格にも依存することがない」体制であるが、「真の共和政はしかしすべて人民の代議制であり、それ以外のものではありえない。代議制によってこそ、人民の名のもとにすべての国民が統合され、自分たちの代表者（代議士）をつうじてみずからの権利が配慮されるのである」（VI, 341）。立法権が属する人民を統合しうる制度は代議制であって、これがカントの考える共和国には必要不可欠なのである。

『平和論』の主題であった国家間の関係も、『人倫の形而上学』「法論」では第二部第二章「国際法」において論じられているが、ここでもカントは国家間の国際関係を、戦争状態としての自然状態から、戦争という手段をとらない共和的な体制への移行として論じている。国際法の場面においては「ひとつの国家は道徳上の人格として、他の国家に対して自然的自由の状態にあり、したがってまた不断の戦争状態にあるものと観られる」（VI, 343）。こうした自然状態は、諸個人間のそれのように、脱すべき状態であり、「それゆえなんらかの国際的同盟が、根源的な社会契約の理念にしたがって必要である」（VI, 344）。そうした国際的同盟ないし国家間会議においては、「諸国家の紛争を市民社会的なしかたでいわば訴訟をつうじて、野蛮な方法（未開人のしかた）すなわち戦争によることなく裁定する」という、「国際公法の理念」が実現されうる（VI, 351）。そうした、永遠平和の樹立に適した、「いっさいの国家をひとつの取りこぼしもなく統合した共和主義的体制」へと、人間は努力しなければならない（VI, 354）。紛争解決の手段を「戦争」に求める、ホッブズ的な自然状態から、共通の法廷において「訴訟」が行われる、カントにとってはプラトン的な共和国へ、という移行の論理は[19]、『人倫の形而上学』「法論」の「国際法」論にも貫かれているのである。

おわりに

カントの平和論は、一七九五年の『平和論』をへて、晩年の『人倫の形而上学』「法論」において、とりわけその結びの「結語」において、あるクライマックスに達している。「私たちの内なる道徳的・実践的理性は抵抗しがたい拒否権（Veto）を発動させて、「戦争はあるべきではない」と宣言している。それはしかも、戦争が自然状態に置かれた私とあなたのあいだに起こるものであろうと、国家としての私たち、つまり対内的には法律的状態にありながら、対外的には（たがいの関係にあっては）なお法律を欠いた状態にある諸国家のあいだで生起するものであろうと、選ぶところがないのである。――なぜなら戦争は、各人がそれによってみずからの権利を追求すべき方法ではないからだ」（VI, 354）。こうした意味では、「この普遍的で永続的な平和を樹立することは、たんなる理性の限界内の法論にあってただの一部分ではなく、むしろその究極目的全体をかたちづくるものである」（VI, 355）と、永遠平和こそが「法論」の究極目的であるとさえ語られる。ここで諸個人間と国家間の戦争として考えられているのは、ホッブズ的な自然状態のありかたであろうし、そうした自然状態に対置されるのは、晩年のカントにあっても（プラトン的な）共和国である。カントの最晩年、一七九九年の「レフレクシオーン」によれば、国家と人民の政治的状態については、「共和国の外部に救いはなく、むしろたえず続く戦争がある」のであり（XIX, 603; Refl. 8076）、また同時期（一七九五〜九九年）の「レフレクシオーン」でも、「戦争は、強力な国家の真の共和主義によってしか、避けられることができない」（XIX 612: Refl. 8077）とされている。ホッブズ的な戦争状態としての自然状態か、カントにとってはプラトン的な共和国かという二者択一の関係が、カントの晩年になるにつれて先鋭に打ち出されるようになっている。

ただこうしたホッブズの自然状態かプラトンの共和国かという議論の構図は、本章で確認したように、晩年にはじめて生じたものではない。ホッブズの自然状態とプラトンの共和国のイメージはすでに一七八一年の『純粋理性批判』の十年以上以前に、そして両者の対立と移行という議論の構図はすでに『純粋理性批判』のうちに、確認することができたのであった。こうしたホッブズの自然状態とプラトンの共和国を両極とする議論の磁場が、個人と個人のあいだ、国家と国家のあいだ、さらには哲学の学派と学派のあいだという、カントのあいだをめぐる議論には一貫して存在しており、そうした磁場のなかから、「理論と実践」や『平和論』といった、カントの法哲学・社会哲学の代表作も生じ、そして最後に『人倫の形而上学』「法論」として結実した。こうした『人倫の形而上学』にいたるカントのあいだをめぐる議論の展開を導いていたのも、やはり理念であって、それが法哲学・社会哲学の場合には、自然状態という「ホッブズのイデアール」と、理想的な国家としての「プラトンの共和国」という、ふたつの理念だったのである。

註

〔1〕　カントの社会哲学の研究において参照されることの多いこの六五九三番の「レフレクシオーン」は、加藤

泰史によって全文が邦訳されている。加藤「理性批判と公共性の問題」二七六〜二七七頁。加藤はこの「レフレクシオーン」を引用しつつ、また三島淑臣の見解（『理性法思想の成立』一〇四頁）も参照しつつ、カントにおいて「すでに「自然状態」はホッブズ的に理解されてルソー的理解は後景に退いている」（加藤「理性批判と公共性の問題」二七八頁）と指摘している。

〔2〕片木清は、カントの晩年の『人倫の形而上学』「法論」においては、「カントの自然状態観はあきらかにロックの方向により傾斜している」にもかかわらず、「これと矛盾する如きホッブズ的契機の痕跡」があることを指摘し（『カントにおける倫理・法・国家の問題』一七〇頁）、後者のホッブズ的契機の痕跡の由来を、『たんなる理性の限界内の宗教』の「根源悪」をめぐる「宗教的形而上学」に求めている（『カントにおける倫理・法・国家の問題』一七〇〜四頁）。これは逆に言えば、カントの宗教論までを射程に収めれば、カントの自然状態論は一貫して「ホッブズのイデアール」論として読み解くことができるということであり、こうした宗教論を射程に入れたカントの自然状態論の考察を、すでに斎藤拓也が示している（『カントにおける倫理と政治』第三章）。なお筆者は『人倫の形而上学』「法論」の自然状態論が特別に「ロックの方向に」傾斜しているとは考えていない。

〔3〕網谷壮介は、カントのさまざまな著作において展開された共和制論の差異を包括的に説明すべきことを主張し、カントの共和制の「構想」ではなく「諸構想」を詳細に検討しようとしている（『共和制の理念』二〇頁および第四章）。筆者は網谷の検討から多くを学んでいるが、それでも本章ではカントが「プラトンの共和国」という理念のもとで考えようとしたことを貫くものに光を当てたいと考えている。

〔4〕こうした思想内容や、その後カントが展開した国家論が、歴史的に「プラトンの共和国」と呼べるものであるかはもちろん疑問である。R・ブラントは、「プラトンはけっして一般意志もしくは普遍的意志を、ル

ソーやカントがそうしたように、ポリスの最高の尺度として説明することはできなかった。そのかぎりではカントのプラトニズムにおけるプラトンは逆立ちさせられている」(Brandt, *Zu Kants politischer Philosophie*, S. 227) と指摘している。もっともな指摘であるが、ただ本章が問題としているのは、プラトンの実際の思想内容ではなく、あくまでカントが「プラトンの共和国」という理念のもとで考えたことがらである。

〔5〕 一七八四年の講義録「ファイヤアーベントの自然法」には、「法とは、各人の特殊な自由を、そのもとで普遍的な自由が成り立ちうる条件へと制限することである」(XXVII, 1334) という一文がある。またおおよそ同時期のものであると考えられる「ムロンゴヴィウスの道徳学II」にも、「法とは、そのもとでのみ万人の自由が両立しうる規則と、行為が一致することである」(XXIX, 630f.) という定式化が見られる。

〔6〕 たとえ「プラトンの共和国」をめぐる『純粋理性批判』時点でのカントの議論はいまだ曖昧であり、九〇年代以降、とりわけ『法論』と内容的に異なる部分がある」(網谷『共和制の理念』四一頁) にしても、また「理論と実践」に登場する、「政治的公共体」あるいは「市民的体制」は『純粋理性批判』における「各人の自由がその他のすべての人の自由とともに存続しうるようにする諸法則にしたがった最大の人間的自由の体制」(KrV, B 373) 以上のものである」(斎藤『カントにおける倫理と政治』一四二頁) にしても、本章としてはあえて、カントの思考を貫くものに注目したいのである。

〔7〕 こうした『純粋理性批判』のいわゆる「法廷モデル」の発想が、カントのデビュー作『活力測定考』にまで遡る前史を持つことについては、石川『カント　第三の思考』一八～二五頁が論じている。

〔8〕 G・クリューガーは、戦争状態に代わる「訴訟」、理性の「警察」といった用語は恣意的に選ばれたものではなく、カントの哲学のことがらにそくした地平をしるしづけるものであって、「批判の問題を法学的に定

式化することがなによりはっきりと示しているのは、道徳がたんに世界像の補完物として理論哲学に属しているのではなく、哲学することそのものに対して構成的に方向を指示するものであることである」と主張し、新カント学派の認識論としてのカント哲学解釈に対して、道徳と中心とする統一的なカント解釈の方向性を打ち出している（Krüger, *Philosophie und Moral*, S. 140〔邦訳：一九四頁〕）。

〔9〕カントは一七九六年の「哲学における永遠平和条約の締結が間近いことの告示」において、理論的に武装した批判哲学は「一面においては反対者のがわの理論的証明の無力をとおして、他面においては批判哲学の諸原理を採用する実践的根拠の力強さをつうじて、哲学者たちのあいだに永遠平和への展望を開いてみせるのである」と、批判哲学こそが哲学において「永遠平和」をもたらすことを主張している（VIII, 416）。

〔10〕浜田『カント哲学の諸相』五八、五九頁。

〔11〕すでに指摘している研究もあるように（Herb/Ludwig, Naturzustand, Eigentum und Staat., S. 302 Anm. 41）、ホッブズ『市民論』には「自然状態すなわち戦争の状態にある（in statu naturae, hoc est, in statu belli）人間たちは……永続的な自己保存を期待することができない」と、「自然状態」をカントの要求するように「戦争状態（status belli）」と名指している箇所がある（T. Hobbes, *De Cive*, p. 97〔邦訳：四六～四七頁〕）。「戦争は、たんに戦闘あるいは闘争行為にあるのではなく、戦闘によって争おうという意志が十分に知られている一連の時間にある」と説く『リヴァイアサン』でも、第二部の最終章の冒頭では「まったくの自然状態（the condition of mere nature）」は、「アナーキーであり、戦争の状態（the condition of war）である」とされている（Hobbes, *Leviathan*, p. 113, 343〔邦訳（一）：二一〇頁および邦訳（二）：二八五頁〕）。

〔12〕「はじめに」で取りあげた一七六〇年代の六五九三番の「レフレクシオーン」でも、「社会契約（Der Social contract）」が「国家法のイデアール」であるとされている（XIX, 99; Refl. 6593）。また一七七〇年代中頃

のもの（あるいは1790年代のもの?）と考えられる七七三四番の「レフレクシオーン」には、「社会契約（Der socialcontract）」が「立法と、統治と、公的な正義のイデアールをふくむ」という記述がある（XIX, 503; Refl. 7734）。

〔13〕「理論と実践」と『平和論』の著作としての性質のちがいにも注意しておくことが必要であろう。山根雄一郎は、「特定論者……への反論を主題とする時事的な雑誌論文」である「理論と実践」に対し、「「哲学的構想」と銘打つ『平和論』では、〈永遠平和の可能性の条件〉を「普遍的」すなわち地域や時代を超えて妥当すべきものとして探究する〈平和の形而上学〉が目指される」と、両著作の性格のちがいを強調している（山根『カント哲学の射程』二二九頁）。

〔14〕網谷『共和制の理念』二〇二頁。カントは「『永遠平和のために』のための準備草稿」においては、統治様式が共和的であるか専制的であるかの基準を、統治様式が「普遍的な人民の意志の精神にもとづくか、もしくはなんらかの私的意志にもとづくか」というちがいに求めており（XXIII, 161）、こうした発想を実際の『平和論』の叙述でもはっきりと打ち出すべきであっただろう。

〔15〕カントの所有論の重要性は、「所有権という概念は社会的＝相互行為的な人間関係の中にその場を持っているのであって、個別的な人間と物との関係にではない」ことを示している点にある（三島『理性法思想の成立』二六八頁）。また、「私法の基礎づけのために経験的占有ではなく叡智的占有の概念をカントが必要としたのは、私法を主客関係の問題としてではなく人格間の関係の問題としてとらえなおすためであり、このようなとらえなおしは、法を自他の選択意志の両立可能性と規定する以上、不可避のことであった」（石田『カント　自律と法』二一四頁）。

〔16〕「〈原始的〉と〈根源的〉とは、〈経験的〉と〈合理的〉のように対立しあっている」（Kersting, *Wohlgeordnete*

Freiheit, S. 273〔邦訳：二七〇頁〕)。なお「法論」における「根源的」の含意については、山根『〈根源的獲得〉の哲学』八九～九〇頁も参照。

(17) ケアスティングはこうした理由から、「法論」第四十二節の「ホッブズ主義的な素描」より、第四十四節で展開される自然状態の概念のほうが優れているとしている(Kersting, *Wohlgeordnete Freiheit*, S. 257〔邦訳：二五二頁〕)。

(18) この点については、片木『カントにおける倫理・法・国家の問題』二二八～九頁、網谷『共和制の理念』一七四頁、および、Byrd and Hruschka, *Kant's Doctrine of Right*, p. 144を参照。

(19) 個人間と国家間での自然状態から市民状態への移行という関係は、「個人間において先行する移行という原理を国家間にも適用するというのではなく、移行の論理が先行してそれを個人間と国家間という相違するレベルへ適用する、というもの」である(石田『カント　自律と法』一九〇頁)。本章の観点から論点を付け加えるなら、そうした「移行の論理」は『純粋理性批判』の課題意識にも貫かれており、そこではまず個人間でも国家間でもなく、形而上学の諸学派間というレベルに適用されていたのである。

第七章　理想と人格

はじめに

ひとが卓越した価値を有する個体であること、つまりひとが人格であること。

今日の倫理学が一般にこうした人間理解に立脚する学であるとすれば、その枢要な主題である倫理的規範も人格的な形態へ具象化されるべきであるという主張には、一定の説得力があるだろう。またこうした観点からの格好の批判の対象として、規範の形式性と普遍性を強調するカント倫理学が頻繁に選び出されるのも、避けがたいことなのかもしれない。たとえばR・ラウデンによる前世紀後半の問題状況の概観によれば、倫理学と道徳教育における人格的な実例や範例の意義を強調する論者たちは、必ずしもカント本人を意味しない、煙幕のような「カント的見解」なるものを、「私たちの道徳的発展における人格的な範例の中心的役割」を否認するものとして選び出してきた。(1) また前世紀の前半ではM・シェーラーに同様の議論があった。ここでも呼び出されるのは「歴史的カント」ではなく、カントに代表される「形式的倫理学一般の理念」だが、(2) シェーラーはみずからの「倫理学的人格主義」の観点から、形式的倫理学における「非人格的なノモスの支配」と、抽象的な規範に従属する「X」にすぎない人格概念を批判しつつ、(3) そうした規範に代るべき「典型 (Vorbild)」の理論を準備していた。シェーラーの「典型」とは英雄や聖者などの、人格的な形態へ具象化された価値の像であり、遺稿「典型と指導者」によれば、「普遍的に妥当するたぐいの、抽象的な倫理規則」などではなく、つねに「直観的な典型」こそが、個人を形成するように「たましいに作用する」のだ。(4)

ただ実際にはカントの著作にも、倫理的な価値に対応する人格的な像への論及がないわけではない。たとえば『純粋理性批判』の「純粋理性の理想」章の冒頭でカントは、「個体的な (in individuo) 理念」(A 568 / B 596) としての「理想」について、倫理的・人格的な理想を例として説明している。つまり純粋な徳や知恵は理念であるが、この理念と完全に合致する人間である「(ストア派の) 賢者」は「理想」である。理念が「規則」を与えるように、理想は「原像 (Urbild)」として役立ち、「私たちのうちなる神的な人間」という「理想」と自分を比較することで、私たちは「自分を判定し、そのことで自分をより善くする」のだ（A 569 / B 597）。こうした倫理的な「理想」の理論は、右のように批判されがちだが、とはいえ「人格の尊厳」の思想を核とすることも明らかなカントの倫理学説に、どのように位置づくのだろうか。そのことを検討することで、抽象的な規則や原理か、それとも人格的な実例や典型かという、やや単純にも見える二者択一を相対化しうる視点が得られるかもしれない。

本章はこうした展望のもと、カントの「理想」論の倫理学的射程を検討する。ただ「歴史的カント」の理想論の検討には大きな困難がある。C・ピシェの指摘するように、一般に「理想の体系的な理論」は、どこにも展開されていない「カント哲学の書かれざる章」であり、カントの理想論は散発的な言及箇所から「再構成されねばならない[5]」。倫理的な理想にかんしても事情は変わらない。そこで本章では、「理想」に対置されるものとの関係に留意しつつ、カントの倫理的理想の理論を、いわば通常の倫理的経験の次元から出発して、哲学的倫理学一般の次元を経て、批判倫理学に固有の次元へ進むというしかたで考察していきたい。

第一節　実例と理想

まずはカントがしばしば用いる「理想」と「実例（Beispiel）」という対比にもとづいて、カントが経験的な「実例」や「範例（Exempel）[6]」の役割を制限する理由を確認し、さらに「実例」ではなくまさに「理想」が必要となるゆえんを考えていきたい。

先に触れた『純粋理性批判』の箇所にも、この理想と実例の対比は登場する。カントによれば「賢者」や「神的な人間」という理想は、経験的には与えられえないとはいえ、不完全なものを評価し判定するための「不可欠の規準」である。むしろ経験的なものに引きつけることこそ理想にとって有害であり、小説等で理想を「実例において、つまり現象において実現しようとすること」は、この理念がふくむ善きものを「虚構に似たもの」にしかねない（A 569f. / B 597f.）。また『基礎づけ』の「第二章」序盤では、実例と理想のあいだの優先関係が問題とされ、倫理性を「実例から取りだそうとすること」ほど有害なことはないとされる。むしろ道徳的な実例は「まずもって道徳性の原理に照らして」、または「倫理的な完全性についての私たちの理想」と比較されることで、「根源的な実例、つまり模範（Muster）」として適当であるかが判定されねばならない（IV, 408）。

理想は実例から独立した「不可欠の規準」であり、また実例の価値は理想という規準によって判定される。ただこうした、純粋な概念と経験的な所与のあいだの優先関係をめぐる原理的な観点からだけでなく、道徳教育の観点からも、カントは実例や範例よりも理念的なものを優先させる。『人倫の形而上学』「徳論」の「方法論」の第五十二節でカントは、徳の教育のための手段としての「善き実例」の問題を取りあげ、教師や他の子どもといった実例・範例としての他者が提供するものは、「徳の準則」を基礎づけられないと説く。「徳の準則」は各人の「実践的理性の主体的自律」にもとづくが、実例を模倣することによっては、「考えかたの原理ではなく、感じかたのメカニズムにすぎない」とされる、「習慣づけ（Angewöhnung）」が生じるだけだからである。それゆえ「善き範例」は「模範」として用いられてはならず、また「なんらかの他の人間と」ではなく、あくまで道徳法則や「(人間性の)理念と」比較することが、教育上の「間違いのない規準」なのである(以上、VI, 479f.)。

この「徳論」第五十二節に「理想」の語は登場しない。ただ、きわめて興味深いことに、模倣と自律というこの節と同様の論点から、『判断力批判』第十七節でカントは、趣味における実例の役割を制限しつつ、「美の理想」という概念を導入している。「理想」は主に美学由来の概念でもあるから[7]、ここで美にかんする実例と理想についての『判断力批判』の論述を参照しておきたい。

『判断力批判』第十七節によれば、概念が判定の規定根拠たりえない趣味にかんして、ひとは「趣味のいくつかの所産を範例的なものとして(als exemplarisch)見る」。ただ「趣味は自分自身の能力でなければならない」から、範例となる作品を模倣することによっては、趣味は獲得されえない。範例を巧みに模倣する者は、たしかに「熟練(Geschicklichkeit)」を示すけれども、さらに趣味をも示すには、その範例を「自分で判定できる」はずである。こうして趣味の最高の模範や原型は、他者の所産にではなく、「各人が自分自身のうちに生み出さなければならない理念」に求められ、この原型となる理念に照らして、「なにが趣味による判定の実例であるのか」が判定されることになる。ただこの趣味の原型は概念によってではなく、「個別的な表出(Darstellung)においてのみ表象されうる」から、理性概念である理念よりは、理念に適合した「個別的な存在者の表象」である「理想」と呼ぶほうがよい。こうして「美の理想」が趣味の規準として導入されるのである(以上、V 232)。

趣味判断の特性のゆえに、たんなる概念ではなく個別的な表象が求められ、またそこであくまで実例ではなく「理想」が必要なのは、模倣に対応する熟練とはことなり、『判断力批判』第三十二節の表現を借りるなら「趣味はもっぱら自律を要求する」(V, 282) からであった。この第三十二節でカントは、「趣味の自律」と「徳の自律」の観点から、ふたたび実例と模倣の役割を制限している。たしかに趣味にかんしては、古典古代の作品が模範として賞賛され、また宗教という、「各人が自分のふるまいの規則を自分自身から取りださなければならない」領域でも、実際には「普遍的な諸指令」よりも、歴史上の「徳や神聖性の実例」が大きな効果をもたらす。だがそうした模範や実例の存在は、「趣味の自律」を否定するものでも、「徳の自律」を「模倣というメカニズム」に転化させるものでもない。趣味においても宗教と道徳においても、「範例的な創始者の諸成果」へのあるべき態度は、「模倣 (Nachahmung)」ではなく「まねび (*Nachfolge*)」である。つまり偉大な先人のふるまいを参考にしつつも、おのれはどうするべきかの答えをその先人と「同じ源泉から汲み出す」こと、すなわち最終的には各人のうちなる「根源的な理念」に依拠することが必要なのである (以上、V 282f.)。

このように趣味と徳の自律という観点から、実例と理想の関係をめぐる、美学と倫理学に共通したカントの発想を確認することができる。ただ両領域の差異にも注意しなければならない。『判断力批判』第十七節で「美の理想」は、概念ではなく表出にもとづくゆえに、理性の理想ではなく「構想力の理想」であるとされる (V, 232)。本節冒頭で触れたように、『純粋理性批判』で「賢者」などの理想がふくむ善きものを「虚構に似たもの」にすることを警戒するカントは、倫理的な理想については構想力の介在の余地を認めないはずである。また前段落で取りあげた『判断力批判』第三十二節では、あらゆる能力や才能の中で趣味が「もっとも実例を必要とする」とされるが（V, 283）、この点でも宗教や道徳は対照的である。講義録「コリンズの道徳哲学」の「宗教における実例と模範について」という節によれば、一般に「ア・プリオリに必当然的であるもの」は、実例なしでも必然性が洞察されるから「実例を必要としない」が、倫理と宗教のあらゆる認識は「必当然的に理性によってア・プリオリに」示される。だから「実例は宗教と道徳のことがらにおいては必要ない」のだ（XXVII, 333）。

以上のように、諸能力の自律の確保とア・プリオリな原理の探究という、カント哲学一般の根本的な課題のゆえに、趣味においても道徳と宗教においても、実例への依存が退けられ、理念や理想の意義が強調される。ただ「もっとも実例を必要とする」という趣味に比べて、道徳と宗教においてはそうした一般論がやや単調に適用されているようにも見える。[8] とはいえ道徳と宗教についても、実例の役割が制限されねばならず、また理想が必要となる、固有の事情は存在するはずである。本節では前者の実例の制限の問題について考えておきたい。

まずそれが善き実例であるにしても、他人と自分を倫理的に比較することには弊害がある。先に触れた『人倫の形而上学』「徳論」第五十二節でも、「善い子」の例とされる子どもが、他の子どもから憎悪されるという弊害が指摘されているが（VI, 480）、同書の第十一節でも、「他の人間と比較することにおける謙抑（*Demuth*）」は義務ではなく、むしろ比較される他人を追い越そうとすることは「高慢」であり、これは他者に対する義務に反するとされる（VI, 435）。また「コリンズの道徳哲学」には、「理性にもとづく尺度」である道徳法則と対比される、「実例」という「経験にもとづく尺度」を用いるならば、

「Philavtieもしくは Arrogantiaが生じる」とある（XXVII, 357）。さてPhilautiaとArrogantiaをそれぞれEigenliebeとEigendünkelに対応させることは、『実践理性批判』と『人倫の形而上学』「徳論」に共通したカントの用語法である（Vgl., V, 73, VI, 462）。それゆえ「コリンズの道徳哲学」のこの箇所で念頭に置かれているのも、「自己愛」と「うぬぼれ」という、カントにとっての根源的な道徳的態度であり、さらにはカント的な自己認識一般の帰結でもある「謙抑」に対立する、ふたつの悪徳ではないだろうか(9)。実例としての他者との比較は、その他者への態度の点でも、また厳格な法則との比較を欠くために自己への態度の点でも、深刻な弊害をもたらしかねないのである。

また当然のことだが、他者が提供する実例は善いものばかりではない。同じ「コリンズの道徳哲学」では、「悪い実例」は「模倣」とともに「弁解（Entschuldigung）」の誘因になるとされ、カントはとくに後者の弊害を警戒している。というのも「いかなる人間も、ひとりでは義務を進んで行おうとしないように、ひとりでは進んで悪くあろうとせず、むしろつねに他人に依拠する」のだからである（XXVII, 334）。他人のふるまいを実例として、同じようにしようとする人間の根深い傾きのゆえに、「他のひとも私と同じことをしているではないか」という論理の自己弁護を生む、悪しき実例の弊害をカントは強調する。私たちの倫理的な生における実例の役割に無知だったからでなく、むしろ実例が私たちに及ぼす力の強さを知り尽くしていたから、カントは実例の役割を制限したのではないだろうか。

第二節　価値と人格

道徳と宗教において実例は原理的には必要なく、また実際に実例としての他者と自分を比較することは、高慢やうぬぼれや弁解といった有害な帰結をもたらしかねない。それでも、法則や規則だけでなく、「個体的な理念」としての理想が必要となる特別な理由は、道徳と宗教の領域にも存在する。『宗教論』の、「善の原理の人格化された理念」(VI, 60)や「道徳的完全性の理想」(VI, 61)としてキリストを論じる文脈のある註で、カントは道徳的な価値の特性として、ある人格の行為の道徳的価値は「同時にその人格ないし人格の表出(Äußerung)を人間的なしかたで表象しなければ、私たちには考えられない」と指摘している。このように道徳的価値の理解のために人間的表象を必要とすることは、たしかに「人間理性の制限のひとつ」ではあるが、それでも「人間理性から切り離すことができない」ことなのである(VI, 64f. Anm.)。

カントの著作で倫理的な価値に対応する人間的・人格的な表象がくわしく論じられたのは、『宗教論』のキリスト論においてのみである。ただ主題がやや特殊でもあり、このキリスト論は他の著作での倫理的範例性についての議論から孤立しているようにも見える。だが遺稿や講義録では、キリスト論はけっして孤立した主題ではなく、「最高善の理想」という主題のもと、キリストをふくめたさまざまな人格的な「理想」が論じられている。そこでとくにこの問題への言及が多い、講義録「ポヴァルスキーの実践哲学」と「コリンズの道徳哲学」、またv—ϕ段階（一七七六年～七八年ごろ）の「道徳哲学へのレフレクシオーン」に遺された、「最高善の理想」の理論の構想を、倫理的価値と人格的表象の結びつきに留意しつつ検討したい。

まず「コリンズの道徳哲学」の「古代人たちの道徳体系」という節では、古代人の最高善の理想が「キュニコス派の理想」、「エピクロス派の理想」、「ストア派の理想」の三つに区分されている（XXVII, 248）。より人格的な表現では、「ディオゲネスの理想と模範」は「自然人」であり、エピクロスのそれは「世間人（der Weltmann）」、ストア派のゼノンの「原型的イデア」は「賢者」である（XXVII, 250）。ここに「プラトンの理想」と「キリスト教徒の理想」がつけ加わり、前者は「神秘的な理想」と、後者は「神聖性の理想であり、模範はキリストである」とされる（ibid.）。またある「レフレクシオーン」では、「単純さの理想」、「徳の理想」、「怜悧の理想」、「神聖性の理想」に、アンティステネスの「自然人」、ゼノンの「有徳者」、エピクロスの「世間人」、福音書の「キリスト」が対応づけられ（XIX, 174 : Refl. 6829）、他の箇所でも理想や最高善を問題とする文脈で、同様の四つの特質と人格のタイプが列挙されている（XIX, 189 : Refl. 6878, XIX, 197 : Refl. 6894）。単純さ、怜悧、知恵もしくは徳、そして神聖性という、古代に遡る四つの道徳体系にとっての中心的な価値を人格化した「理想」が、それぞれ自然人、世間人、（ストア派的な）賢者、キリストなのである。

それではこれらのうちのどの「理想」が優れているのだろうか。カントによれば、神との結びつきに最高善は存するという「プラトンの理想」は、神秘的にして「空想的な理想」であり（XXVII, 250）、またディオゲネスの教えるように、不要な欲求を捨てて無垢でだけあるように育てられた子どもには、あらゆる誘惑に備え単純さを真に持続させるための「経験と教育」が欠けている（XXVII, 103）。さらにエピクロスは倫理性を幸福の手段に貶めることで、「徳から価値を奪った」し、ゼノンは逆に、幸福という動機を「徳から取り去った」（XXVII, 250）。つまり端的に言えば、「エピクロスは徳の原理を感性的にし、ゼノンは幸福の原理を知性的にした」のだ（XIX, 190 : Refl. 6880）。

このエピクロスの感性化とゼノンの知性化への批判の論理は、悟性概念を「感性化した」ロックと現象を「知性化した」ライプニッツに対する、『純粋理性批判』での周知の批判の論理の先駆であろう。そしてロックとライプニッツを批判するカントの立場が、感性と悟性に「ふたつのまったくことなった表象の源泉」を認めたうえで、両者が「結合することでのみ」、客観的に妥当する判断は可能であるとするものであった（A 271 / B 327）ように、エピクロスとゼノンを批判するカントも、徳と幸福をいったん峻別したうえで、両者を結びつけようとする。その結合を教えるのは「福音書の理想」であり、それを可能にするのは「福音書の賢者」への信である。「福音書の理想は倫理の最大の純粋さと、幸福もしくは浄福という最大の動機を有する」（XXVII, 251）のであり、また「もし幸福への希望が、私たちの倫理的なふさわしさに適合するべきであるなら、福音書の賢者が真の倫理的な理想である」（XIX, 191 : Refl. 6882）。「福音書の賢者」としてのキリストこそが、純粋な倫理性と純粋な幸福の結合を可能にする「理想」なのである。ただ徳と幸福の結合という宗教にいたる問題の手前の次元でもカントは、「ストア派の賢者」に対する「福音書の賢者」の優越を指摘する。つまり人間が自力で賢者の理想とひとしくなれるとする、ストア派の教えからは「うぬぼれ」が生じるが、キリストを「福音書の賢者」として掲げる「キリスト教の道徳」からは、「謙抑がおのずと生じる」のである（XXVII, 105）。

こうした「最高善の理想」の理論は、大部分が遺稿などでの試行にとどまり、批判期の著作では展開されていない。それでも批判期の倫理学説をさまざまな角度から再考するうえで、「最高善の理想」論の構想は重要であるようにおもわれる。まずくりかえし言及してきたように、『純粋理性批判』の「純粋理性の理想」章冒頭で理想の例とされるのは、「（ストア派の）賢者」と「私たちのうちなる神的な人間」であった。後者のもとで考えられていたのは、究極的にはキリストであったはずであり[10]、遺稿や講義録に痕跡を留める「最高善の理想」をめぐる試行から、「ストア派の賢者」と「福音書の賢者」が選びだされて理想の例とされていることになる。また周知のように『実践理性批判』「弁証論」では最高善の問題をめぐって、エピクロス派とストア派の学説が取りあげられ、批判的に検討される。このふたつの学派の選択の事情を問題とする文脈でK・デュージングが指摘していたように、カントが主に一七七〇年代に取りくんだ、古代の倫理学理論の根本問題は「人間存在の完成としての最高善」[11]であり、こうした背景を持つ『実践理性批判』のふたつ目の主要部分の問いも、徳も幸福もふくめた「人間存在の完成」という課題に関係するはずである。もちろん『実践理性批判』のカントにとっては、古代の哲学者たちが「道徳的探究を完全に最高善の概念の規定に置いた」ことは、本性上も探究の秩序においても本来的には道徳法則が善の概念に先立つから、「道徳の最上の原理にかんする哲学者たちの錯誤」の一例であるにすぎない（V, 64）。それゆえ「人間存在の完成」としての最高善の問題は、たしかに批判倫理学の最初の問いではありえないが、それでも「弁証論」から宗教へいたる局面で問われる必然性のある、終極的な問いではあったはずである。『純粋理性批判』の「原理論」の最終章で、「自分をより善くする」ための人格的理想が話題となることも、こうした事情と無縁ではなかったようにおもわれる。

　また「最高善の理想」論の構想は、カント倫理学のありえた別の展開の可能性も示唆しているようにおもわれる。本章冒頭で触れたシェーラーの「典型」論では、快価値、有用価値、生命価値、精神的価値、神聖なものの価値という価値様態の区分に対応して、典型は「享受の芸術家」、「文明の指導的精神」、「英雄」、「天才（賢者）」、「聖者」という五つの主要モデルに区分される。[12] 先に見た、単純さ、怜悧、知恵（徳）、神聖性という特性に、自然人、世間人、（ストア派の）賢者、キリストという人格的な理想を対応させるカントの「最高善の理想」論の狙いは、シェーラーの典型論のそれからそう遠くないものであったはずである。またシェーラーの典型論については、その後の教育哲学への影響や、倫理学史のためのモデルとしての意義が指摘されているが、[13] カントの「最高善の理想」の理論も、道徳教育や倫理学史の方向へ倫理学説を展開するための重要な基盤たりえたようにおもわれる。ただもちろんそれは、実現されなかったさまざまな可能性の中のひとつであるにすぎず、批判期のカントは自然人や世間人といった「理想」について語ることをやめ、著作で論じたのは「福音書の理想」だけである。選びとられたこの理想論の狙いを、最後に検討しなければならない。

第三節　理想と偶像

『宗教論』「第二編」が、これまで見てきた遺稿・講義録や『純粋理性批判』での倫理的理想への言及を背景として、また「第一編」の根源悪の克服という課題を受けて、「道徳的完全性の理想」(VI, 61)としてキリストを論じる。ここでもこの理想への信は、道徳性と浄福の結合を可能にするものとされる。つまり人間は「神の子への実践的な信」において、「神の意にかなうようになる」とともに、そのことをつうじ「浄福にもなる」ことを希望することができる。この希望のため人間に要求されるのは、「人間性の原像の実例に、忠実なまねびにおいて、似た者でありつづける」ことである(VI, 62)。このように『宗教論』においてキリストは、「私たちのうちなる」理想や原像としてばかりでなく、理想に対応した実例、それも「万人のまねびのための実例」(VI, 82)として論じられることになり、カントの道徳的範例性の理論は、「キリストのまねび(imitatio Christi, Nachfolge Christi)」という伝統的な主題を受け継ぐものでもある[14]。それではキリストのなにが「まねび」の対象となり、またこの「まねびの実例」は、内なる「理想」といかなる関係にあるのだろうか。

カントによれば「神の意にかなう人間の実例」が地上にもたらされたのは、「教えと生きかたと受難によって」である(VI, 63)。これに対し、イエスの伝承のうち「復活と昇天」を、カントは「たんなる理性の限界内の宗教のために用いることができない」とする。そもそもその公的な物語が死で終わるからこそ「福音の師」は、「一般にまねびの実例として役立つこともできた」のである（VI, 128 Anm.）[15]。「まねびの実例」とされる要素のうち、生きかたと教えについては、この師は「あらゆる人間の義務をみずから実行する」とともに、「同時に教えと実例によって」、善を広げていくとされる（VI, 61）。そして「あたかも善の理想が師において肉となって（教えと行状において）表出されているかのように」、この師は純粋な心根を「他者のための実例」として、「教えと行為によって外的に人目に供される」（VI, 65f.）。またもうひとつの受難も、この師の倫理的な心根をひとびとに明らかに示す。人間はある道徳的心根の強さを、「妨害と戦い、最大限の試練のもとでもなおそれを克服するものとして表象する」場合にのみ、理解できるのだからである（VI, 61）。

　本章第一節冒頭で言及した『基礎づけ』の箇所でカントは、たとえ「福音書の聖者」であっても、そのかたを「模範」とするには倫理性の「理想」と比較する必要があり、またその実例を「理性のうちにあるその真の原型」に優先させてはならないとしていた（IV, 408f.）。この実例と内なる原型の秩序は『宗教論』でも維持され、あくまで歴史的に実在した「まねびの実例」であるかぎりでの「福音の師」については、カントはその原像を「私たちのうち」に求めるべきことを説く。「福音の師」は「神の意にかなう人間の実例」であるが、その「原像」は「私たちの理性のうちに」求められねばならず（VI, 63）、また「道徳的に神の意にかなう人間の理念」が「すでに私たちの理性のうちに」宿っているからこそ、この師をまねびの手本とするのに「経験の実例」も奇跡も必要ないのだ（VI, 62f.）。さらにこの師の受難も、カントは「善の原理の表出（Darstellung）」として解釈する。師の（いわば「たんなる理性の限界内」での）物語を締めくくる死の表象は、善の原理が位置する「天の子たちの自由」と、悪の原理に支配された「地の息子の隷属」を、「もっとも目につきやすい対照において見させる」。ただここでも同時に、そうして表出される「善の原理」自体は、時代を超えて「人間性のうちに」宿る、という制限が付く（以上、VI, 82）[16]。こうして「まねびの実例」であるかぎりでのキリストには、善の原理や完全な人間の理念・理想という理性のうちなるものを「表出」する役割だけが割り当てられる。カントはキリスト教の天と地獄の表象を、善悪の厳粛な区別を表現するものとして評価し（VI, 60 Anm.）、また完全な悪を「人格化する」ことで「悪魔の理念」が得られるとする（XXVII, 460）が、カントの「キリストのまねび」論も、こうした論理を大きく超えるものではないだろう。

こうしたカントの発想の、聖書にもとづく信仰の観点から見た問題点に立ちいることは、現在の筆者にはできない[17]。ここではこの「理想」論におけるカントの意図だけを確認しておくことにしたい。第一節では『純粋理性批判』や『基礎づけ』に登場する実例と理想の対比に注目したが、『宗教論』をふくめた一七九〇年代の著作ではむしろ、理想と「偶像（Idol）」の対比が目につくようになる。そこで理想と偶像の区別を可能にしているのは、万人の「まねびの実例」としてのキリストにかんしてさえ徹底された、カントによる「理想」概念の純化である。『宗教論』で道徳的完全性の理想は、私たちがその「創始者」ではなく、「天から私たちのほうへ降りてこられた」かのように、人間性のうちに深く宿るとされるが（VI, 61）、『人倫の形而上学』「徳論」では起源のちがいにより理想と偶像が区別されている。つまり「理想」は「自分の理性」にのみ由来するが、ひとが跪《ひざまず》き嘆願する「偶像」は、「自分の拵《こしら》えもの（Gemächsel）」であるにすぎない（VI, 436f.）。また『判断力批判』第八十九節では、感性的な像からどれほど切り離されていようとも、道徳性以外のものが意にかなうとされる最高存在者の概念は「偶像」であるとされていたが（V, 459, Anm.）、真正な理想を偶像から区別する規準は、各人のうちなる実践理性と道徳性にのみ由来する、起源の純粋さに求められる。またそれゆえに「理想」は、ピシェの指摘するように、「偶像崇拝に対する積極的な対抗概念[18]」として機能するのである。

そしてこの理想概念による偶像崇拝への批判は、カント哲学の根本的な課題に根ざしている。『実用的見地における人間学』で指摘されているように、純粋理性に属する概念の「表出」のさいに、象徴的なものと知性的なもの、覆いにすぎないものとことがらそのものを区別し、「（純粋実践理性の）理想が偶像と取り違えられ、究極目的が見失われる」のを防ぐことこそが、「啓蒙」だからである（VII, 191f.）。本章で検討してきた理想論はまさに、カントの啓蒙の課題が具象化される場でもあったのであり、他人の指導に依存した未成年の状態を脱して、「君自身の悟性を使用する勇気を持て！」（VIII, 35）という呼び声の反響する場であったのである。

さてカントの晩年の著作である『人倫の形而上学』において理想は、積極的な意味では、「徳論」の友情論において登場する。カントによれば友情とは「ふたつの人格がひとしい相互的な愛と尊敬によって結びつくこと」であり、また「道徳的に善い意志によって結びつけられた各人の幸いに、共感し、関与するという理想」である（VI, 469）。友情はたしかに理念や理想であるかぎりは、それに向けて努力するという義務であり、また完全な友情を実現することはきわめて困難であるけれども、しかし友情という理想に特有な点は、必ずしも現実のこの世界を離れたものではないというところにある。友情という「黒い白鳥」は、「その完全なありかたで時おり現実に存在している」(VI, 472)。たがいに依存しあうのではなく独立した、しかし同時に愛と尊敬によってかかわりあう人格と人格の結びつきのなかに、晩年の『人倫の形而上学』のカントは理想の実現を認めたのである。

おわりに

本章の課題は、カントが散発的に言及する倫理的な「理想」の理論を、実例や偶像といった理想に対比されるものとの関係に注目しつつ再構成し、検討することであった。道徳法則や徳と知恵の理念だけでなく、人格的な理想が必要となるのは、対応する人格的な表象を欠いては考えられない倫理的価値の特性や、徳も幸福もふくめた人間の全体的なありかたを最終的には問うことになるカント倫理学の課題のゆえにであった。同時に理想は、道徳と宗教における経験的な実例の役割を制限し、偶像の使用を退けるための概念としても機能する。さらには晩年の『人倫の形而上学』によれば、愛と尊敬によって結びつく人格と人格のうちに、具体的なかたちで実現される。「徳の自律」と両立し、また「啓蒙」という課題を担いうる個別的・人格的な表象として、批判期のカントは実践理性にのみ由来するという「理想」の理論を必要とし、そして晩年の『人倫の形而上学』では友情のうちに、その理想の実現を見届けたのである。

とくにカントが批判されがちな道徳教育の論点にかんして、もうすこし一般的なことばで結論を述べ直すなら、家庭や地域、あるいは学校や職場などで出会う「実例」としての他者が、私たちの倫理的な成長において重要な役割を果たすことは疑いようのない事実であり、カントもそのことを事実問題の次元では否定しなかったであろう。ただ、ともに生きる自己も他者も神ならぬ有限な人格であるかぎり、同一の他者をいつまでも自己を導く手本としつづけることができないことも、ひとの成長ということの本質に根ざした、否定しがたい事実ではないだろうか。そしてそうした場面ごとに、それまでの手本に代わる別の手本を求めて、自分の周囲を見回しつづけるばかりでは、おそらくひとはいつまでも本当に賢くはならないであろう。多様な実例を提供する世間の内にでも、いにしえの賢者や聖者の言行を伝える書物の中にでもなく、まずは自分自身のうちに、おのれがそうあるべき人格のかたちを探ること――カントの理想論が示唆しているのはそうした、成年となることを呼びかける教育理論であり、カントの「人格の尊厳」の思想も、そうした私たち一人一人への厳格な要求に裏打ちされたものであるようにもおもわれる。

ひとが真に独立した「個」に、まったき意味での人格になること。こうしたことにまつわる困難や厳しさ、さらにはある種のさびしさをも、私たちはカントの「理想」論から学ばねばならないのではないだろうか。友情もあくまで、その実現が困難な「理想」なのである。

〔1〕Louden, Go-carts of Judgement, S. 305f.

〔2〕Scheler, *Der Formalismus*, S. 30.（邦訳（上）：四七頁）

〔3〕Scheler, *Der Formalismus*, S. 370–3.（邦訳（下）：十四〜十九頁）

〔4〕Scheler, Vorbilder und Führer, S.263.（邦訳：一五六〜七頁）

〔5〕Piché, *Das Ideal*, S. 175, 10.

〔6〕ラウデンによれば、カントは『人倫の形而上学』「徳論」第五十二節の「謎めいた脚注」で、「実例を範例から区別しようとしているが、成功していない」(Louden, Go-carts of Judgement, S. 311 n.)。千葉「趣味判断の範例的必然性をめぐって」のように、こうしたラウデンの指摘を踏まえつつも、趣味判断の特殊性の観点から両者の区別を重視する研究もあるが、少なくとも倫理学の枠内ではカントの「範例」の用例は稀であり（cf. Louden, Go-carts of Judgement, S. 315 n.）、本章は両者の区別に立ちいらない。

〔7〕cf. Tonelli, Ideal in Philosophy. なおカントの一七七〇年代前半の人間学関係の講義録で「理想」は、「(1) 直感的（Aesthetisch）、(2) 知性的、(3) 実践的」の三つに区分されている (XXV, 99, vgl. XXV, 325)。カントの原型的な問題意識において「理想」は、理論哲学・倫理学・美学を貫く主題として構想されていたはずである。

〔8〕道徳的範例性についてのカントの一七八〇年代の考察を、『判断力批判』での範例性の議論の発展史的背景として強調するM・ガモンも、道徳においては補助的な手段にすぎない実例と、「原像」としての理想の役割が峻別されるが、芸術にかんしては「原像は実例によってのみ実在しうる」と指摘している (Gammon, Exemplary Originality, p. 585)。

〔9〕カント的な自己認識一般の、「謙抑」との密接な結びつきと「うぬぼれ」との対立については、本書第四章

の第三節をご参照いただきたい。

〔10〕Vgl., Heimsoeth, *Transzendentale Dialektik. Dritter Teil*, S. 417 Anm.

〔11〕Düsing, Das Problem des höchsten Gutes, S. 12.

〔12〕Scheler, Vorbilder und Führer, S. 262, 268.（邦訳：一五五、一六七頁）Vgl., Scheler, *Der Formalismus*, S. 494, 570.（邦訳（下）：二〇六、三二九頁）

〔13〕これらの点もふくめて、シェーラーの典型論については、cf. Deeken, *Process and Permanence in Ethics*, Chap. VIII.

〔14〕cf. Gammon, Exemplary Originality, p. 584. なおシェーラーも典型論で同じ伝統を意識しているが（vgl., Scheler, Vorbilder und Führer, S. 285〔邦訳：一九四頁〕）、カントは「キリストの imitatio」という表現に欺かれて、自律的な「まねび（Nachfolge）」と他律的な「模倣（Nachahmung）」を混同したという、『形式主義』でのカント批判（Scheler, *Der Formalismus*, S. 563 Anm.〔邦訳（下）：三一八頁〕）は、『基礎づけ』についてはともかく、『判断力批判』や『宗教論』まで視野に入れるならば正確ではない。

〔15〕こうした教え・行い・受難と、復活・昇天の位置づけについては、氷見『カント哲学とキリスト教』一〇三、一〇四、二〇九頁を参照。

〔16〕佐山圭司は、ベルン期のヘーゲルはイエスを「確信的カント主義者」として描きつつも、自決を禁じるカントを「そのラディカルな解釈によって」乗り越え、死を肉体からの解放と考える『パイドン』のソクラテスを彷彿させるしかたでその死を描いたと、『イエスの生涯』のイエス像を整理している（佐山「勇敢さの犠牲」六六頁）。ただ事情はもうすこしだけ込み入っているようにおもわれる。この箇所からも明らかなように、死を地上的なものからの解放と見る発想は、カントにも無縁ではないからである。もちろん自死

を倫理的に許容しないカントが、イエスの死について問題とするのは善の原理の「表出」という機能だけである。またイエスに重ねあわされる死への態度も、『パイドン』のソクラテスというよりは、自分の生より価値あるものを認めて「死を恐れない」(VI, 422)、ストア派の哲人のそれであっただろう。さらにこうしたカントのイエス像と、啓蒙主義的な「実定性」批判の枠組みを離れるとともに運命への洞察を深め、「正典の背後に仄みえる史的イエスのありようと、ギリシア悲劇の英雄たちとが、運命への共属というかたちでかよいあう」(熊野『ヘーゲル 〈他なるもの〉をめぐる思考』九五頁)ことになる、フランクフルト期(以降)のヘーゲルの思考におけるイエス像を隔てる距離は、さらに大きくなっていくであろう。

〔17〕量『宗教哲学としてのカント哲学』第七章に、聖書神学の観点からのカントの理性宗教への批判があり、またカントの『諸学部の争い』での、アブラハムのイサク献供物語についての批判的な解釈(VII, 63 Anm.)には、旧約聖書学からの応答として関根『旧約聖書の思想』第五・六章がある。イエス論としては、量の指摘するように、「贖罪死」の観点がカントの宗教論には完全に欠落していることが、聖書のキリスト教とのもっとも根本的なちがいであろう。また聖書の伝える、「神と人間との間の人格的関係」(量『宗教哲学としてのカント哲学』二八六頁)や、「自分の大切なものを葛藤の果てに放棄した時」に生起する、「人が神と出会うという経験」(関根『旧約聖書の思想』七一、七二頁)は、「たんなる理性の限界内」では語りえず、カントの視点からは沈黙しなければならないことがらであると筆者は考える。

〔18〕Piché, *Das Ideal*, S. 128.

あとがき

本書は、カントの「人倫の形而上学」と理念論にかんする七本の論文をまとめた作品である。第一部「理念論への道」では、第一章でカントの「人倫の形而上学」の構想の歩みを概観し、「人倫の形而上学」があくまで「理念」を求める学であることを明らかにした。そして第二章では、カントの理念論の歴史的背景を、カントのプラトン哲学およびイデア論理解の源泉たりえた、ブルッカー、ライプニッツ、マルブランシュといった近代の二次文献の観点から検討し、第三章では『純粋理性批判』にいたるまでのカントの理念論の生成の様子を、遺稿や講義録といった資料をもとに再構成した。第二部「理念論の道」では、カントが『純粋理性批判』で言及する、実践的な含意を持つ理念である、知恵、徳、（プラトンの）共和国、そして理想のそれぞれと、哲学、倫理学、共同体論、そして人格というそれぞれの主題との関連を検討し、そしてそうした諸理念をめぐる思考がいかにして、晩年の作品としての『人倫の形而上学』に流れ込んだのかを明らかにした。作品としての『人倫の形而上学』にいたる実践的な理念をめぐるカントの思考の道筋、それが本書の主題である道としての「人倫の形而上学」であり、本章はそれを、知恵、徳、（プラトンの）共和国、理想という四つの理念の観点から明らかにしたことになる。

本書を構成する各章の論述は、若干の調整は加えたものの、基本的には既発表の論文をもとにしている。各章の初出は次のとおりである。

第一章「カントの「人倫の形而上学」の構想——法論と倫理学の関係を中心に——」（『愛知教育大学研究報告　人文・社会科学編』第七二輯、二〇二三年、三三一〜四〇頁）
第二章「カントの理念論の歴史的背景——近代哲学におけるイデア論受容の一断面——」（『愛知教育大学研究報告　人文・社会科学編』第六五輯、二〇一六年、一〇一〜九頁）
第三章「カントの理念論の生成——『形式と原理』から『純粋理性批判』へ——」（『愛知教育大学研究報告　人文・社会科学編』第六六輯、二〇一七年、六三〜七一頁）
第四章「カント哲学における知恵の理念——体系と自己認識をめぐって」（日本哲学会編『哲学』第六三号、二〇一二年、二八一〜二九六頁）
第五章「カント倫理学と徳の理念の問題」（日本カント協会編『日本カント研究』第二〇巻、二〇一九年、四七〜五五頁）
第六章「プラトンの共和国とホッブズの自然状態——カントの共同体論を貫くもの——」（『愛知教育大学研究報告　人文・社会科学編』第七三輯、二〇二四年、二一〜二九頁）
第七章「理想論の倫理学的射程——人格の倫理学のために」（日本カント協会編『日本カント研究』第十四巻、二〇一三年、一三六〜五〇頁）

右に並べた論文のうち、一番古いものは二〇一二年の発表、一番新しいものは二〇二四年の発表と、ちょうど干支が一回りする、十二年もの歳月が経っている。それではこの十二年間、著者が本書の完成に向けてひたむきに努力しつづけてきたのかというと、実はそういうわけでもない。カント以外の思想家やテーマに回り道をしていた時期も多く、また右に並べた論文にかんしても、執筆した意図は時期によってそれぞれちがいがある。本書を構成している論文は、執筆の意図の観点で三層に区分できる。

まず二〇一〇年代の前半に発表した論文は、博士学位請求論文の一部とするため、書かれたものである。本書では第四章と第七章の原型になった論文が、この一番古い層に属する。この両論文をふくむ、東京大学大学院人文社会系研究科に提出した博士学位請求論文「カント倫理学と理念の問題――学と智の統一点を求めて」によって、二〇一四年二月、著者は博士号（文学）を取得した。お忙しいなか、大分量の私の博士論文の審査の労を執っていただいた熊野純彦先生、小田部胤久先生、榊原哲也先生、頼住光子先生、城戸淳先生に、あらためてお礼申しあげたい。

その後、愛知県の大学に職を得て、博士論文の審査の場で先生がたからいただいたご助言をもとに、博士論文の内容を改良し、書籍として出版しようとこころみた時期があった。二〇一〇年代中盤のころのことである。これが本書の第二層であり、本書の第二章、第三章がこの層に属する。ところがあまり書籍化の話は上手くいかず、著者の関心もカントから離れることが多くなった。二〇一八年の日本カント協会の大会シンポジウムでの提題をもとにした、第五章の原型の論文を書いていた時期に、いずれ書籍化するという意識があったかどうか、記憶が定かではない。ともかく、そうこうしているうちに、博士論文のことを思い出すこともほとんどなくなってしまった。著者自身にとっても自分の博士論文のことは記憶の底に埋もれてしまっていたわけである。その後なにもなければ、記憶の底で埋もれたまま朽ち果てていたであろう。

ところが、二〇二一年の夏、春風社の下野歩さんから、「その後に発表した論文とあわせて、博士論文を出版しませんか」という趣旨のお手紙をいただいた。完全に博士論文の書籍化のことは忘れていたので、一時は戸惑ったが、やがて記憶の底から博士論文を引き出して、書籍化に向けた努力をしてみる気になった。そしてちょうどその頃、岩波文庫での『人倫の形而上学』の『徳論』の邦訳と、『法論』もあわせた『人倫の形而上学』全体の解説の執筆の仕事を抱えていたため、カントの理念論についての博士論文を、晩年の作品としての『人倫の形而上学』につづく、道としての「人倫の形而上学」という観点であらためて統一できないかと考えるようになった。そのために書いたのが第一章および第六章のもとになった論文であり、これら二〇二〇年代の前半に発表した論文が本書の第三層をなす。

本書に収録した論文のうち、古い論文は十年以上前のものである。特に第四章や第七章などは、今から読み返すと議論のしかたに幼さを感じ、「あちゃー」と赤面せざるをえない部分もある。それでも、著者のある時代の記録の意味も込めて、書籍としての統一のために必要な修正のほかには、議論の大枠にかかわる大きな修正は加えないことにした。章ごとに文章の調子や議論の立てかたにちがいが感じられるかもしれないが、以上のような事情によるものであることをご了承いただければ幸いである。

この十二年間、東京から愛知へ、そして愛知から東京へと、二度職場が変わり、そのあいだに恩義を受けたかたの数はあまりにも多い。そこで、このかたがいなければまず本書は存在しなかった、というかたにだけ、この場でお礼を申しあげることにしたい。まずは、東京大学および東京大学大学院でご指導いただいた熊野純彦先生である。もともと新潮文庫の分厚いドストエフスキーの小説を読むのが好きで、大学ではロシア文学でも学ぼうかしらと考えていた私が、文学部の倫理学研究室を進学先に選んだのは、「熊野純彦の『全体性と無限』のゼミに出たい」という動機からであった。熊野先生のレヴィナスゼミがなければ、私が倫理学を専攻することもなかったかもしれないし、ましてやカント倫理学の研究書を出版することなどもなかっただろう。その後私の関心はレヴィナスからカントに移り、卒業論文も修士論文もカントで書いたが、学部生・大学院生時代、熊野先生には寛容な態度で自由に研究を進めさせていただいた。また院生時代から、書評や雑誌論文やブックガイドなどの執筆の機会を与えていただき、実践をとおして研究者としてのトレーニングを積ませていただいたことも貴重な経験であった。さらに、大学院を退学して十年以上たってからも、岩波文庫での『人倫の形而上学』の邦訳に参加させていただき、その経験は本書の基本的な視点を確立するのに活きている。この機会にあらためて感謝申しあげたい。

また、先ほどお名前を挙げた春風社の下野歩さんも、このかたがいなければ本書はなかったというかたである。お手紙を頂戴してから、出版に向けて、出版コーディネーターの立場からさまざまなご助言をいただいた。私の記憶の底で朽ち果てるはずだった博士論文が、こうして日の目を見ることができるのは、下野さんのおかげである。こころよりお礼申しあげたい。また実際の出版に向けては、春風社編集部の岡田幸一さんにお世話になった。編集者として丁寧な仕事をしていただいたことに感謝申しあげる。

なお本書は、公益財団法人・大幸財団の助成によって出版される。

二〇二四年九月

宮村悠介

事項索引

【な】

【は】

【ま】

【ら】

人名索引

【わ】

書名索引

【た】

【な】

【は】

【ま】

【ら】

参考文献

Allison, Henry E., *Kant's Transcendental Idealism*, Revised and Enlarged Edition, New Haven and London, 2004.

Baumgarten, Alexander Gottlieb, *Metaphysica*, in: *Kant's gesammelte Schriften*, Bd. XVII.

Beck, Lewis White, *A Commentary on Kant's Critique of Practical Reason*, The University of Chicago Press, 1960.（邦訳：藤田昇吾訳『カント『実践理性批判』の注解』新地書房、1985年）

Betzler, Monika (ed.), *Kant's Ethics of Virtue*,Walter de Gruyter, 2008.

Byrd, B. Sharon / Hruschka, Joachim, *Kant's Doctrine of Right. A Commentary*, Cambridge University Press, 2010,

Böhm, Benno, *Sokrates im achtzehnten Jahrhundert. Studien zum Werdegange des modernen Persönlichkeitsbewusstseins*, 2. Aufl., Neumünster, 1966.

Brandt, Reinhard, *Zu Kants politischer Philosophie*, Franz Steiner Verlag, Stuttgart, 1997.

Brandt, Reinhard / Stark, Werner, Einleitung, in : *Kant's gesammelte Schriften*, Bd. 25, 1997.

Brucker, Johann Jacob, *Historia critica philosophiae,* Nachdruck: Hildesheim / New York, 1975.

Carl, Wolfgang, *Der schweigende Kant. Die Entwürfe zu einer Deduktion der Kategorien vor 1781*, Göttingen, 1989.

Cassirer, Ernst, *Kants Leben und Lehre*, Berlin, 1921.

Conrad, Elfriede, *Kants Logikvorlesungen als neuer Schlüssel zur Architektonik der Kritik der reinen Vernunft. Die Ausarbeitung der Gliederungsentwürfe in den Logikvorlesungen als Auseinandersetzung mit der Tradition*, Stuttgart-Bad Cannstatt, 1994.

Deeken, Alfons, *Process and Permanence in Ethics: Max Scheler's Moral Philosophy*, New York, 1974.

Düsing, Klaus, Das Problem des höchsten Gutes in Kants praktischer Philosophie, in: *Kant-Studien*, Bd. 62, 1971.

Engstrom, Stephen, Kant's Conception of Practical Wisdom, in: *Kant-Studien*,

Bd. 88, 1997.

—, The Inner Freedom of Virtue, in M. Timmons(ed.), *Kant's Metaphysics of Morals. Interpretative Essays*, Oxford University Press, 2002.

Esser, Andrea Marlen, *Eine Ethik für Endliche. Kants Tugendlehre in der Gegenwart*, frommann-holzboog, 2004.

Ferrari, Jean, *Les Sources Françaises de la Philosophie de Kant,* Paris, 1979.

Gammon, Martin, "Exemplary Originality": Kant on Genius and Imitation, in: *Journal of the History of Philosophy*, vol. XXXV, 1997.

Giordanetti, Piero, Das Verhältnis von Genie, Künstler und Wissenschaftler in der Kantischen Philosophie. Entwicklungsgeschichtliche Beobachtungen, in: *Kant-Studien*, Bd. 86, 1995.

Guyer, Paul, *Kant on Freedom, Law, and Happiness*, Cambridge University Presss, 2000.

Heidegger, Martin, *Sein und Zeit*, 15 Aufl., Max Niemeyer Verlag, Tübingen, 1979.（邦訳：熊野純彦訳『存在と時間（三）』岩波文庫、2013年）

—, *Einführung in die Metaphysik*, Max Niemeyer Verlag, Tübingen, 1953.（邦訳：岩田靖夫／ハルトムート・ブフナー訳『形而上学入門　ハイデッガー全集　第40巻』創文社、2000年）

Heimsoeth, Heinz, Kant und Plato, in: *Kant-Studien*, Bd. 56, 1966.

—, *Transzendentale Dialektik. Ein Kommentar zu Kants Kritik der reinen Vernunft. Erster Teil: Ideenlehre und Paralogismen*, Berlin, 1966.

—, *Transzendentale Dialektik. Ein Kommentar zu Kants Kritik der reinen Vernunft. Dritter Teil: Das Ideal der reinen Vernunft; die spekulativen Beweisarten vom Dasein Gottes; dialektischer Schein und Leitideen der Forschung*, Berlin, 1969.

—, *Studien zur Philosophie Immanuel Kants I.*, 2.Aufl., Bonn, 1971.

Heman, Friedrich, Kants Platonismus und Theismus, dargestellt im Gegensatz zu seinem vermeintlichen Pantheismus, in: *Kant-Studien*, Bd. 8, 1903.

Henrich, Dieter, Über Kants früheste Ethik. Versuch einer Rekonstruktion, in: *Kant-Studien*, Bd. 54, 1963.

Herb, Karlfriedrich / Ludwig, Bernd, Naturzustand, Eigentum und Staat. Immanuel Kants Relativierung des „Ideal des hobbes", in: Kant-Studien,

Bd. 84, 1993.

Heyse, Hans, Kant und die Antike, in: *Die Antike*, Bd. 8, 1932.

Hill, Jr., Thomas E., Kantian Virtue and 'Virtue Ethics', in *Kant's Ethics of Virtue*, in: M. Betzler (ed.), *Kant's Ethics of Virtue*,Walter de Gruyter, 2008.

Hinske, Norbert, Die Wissenschaften und ihre Zwecke. Kants Neuformulierung der Systemidee, in: G. Funke (hrsg.), *Akten des Siebenten Internationalen Kant-Kongresses. Kurfürstliches Schloß zu Mainz 1990, Band I: Begrüßungsansprache, Festvorträge, Plenarvorträge*, Bonn Berlin, 1991.

——, Kants Rede vom Unbedingten und ihre philosophischen Motive, in; H. M. Baumgartner und W. G. Jacobs (Hrsg.), *Philosophie der Subjektivität?*, Stuttgart, 1993.

——, *Zwischen Aufklärung und Vernunftkritik*, Stuttgart, 1998.

Hobbes,Thomas, *De Cive*. The Latin Version, a critical edition by H. Warrender, Oxford, 1983.（邦訳：本田裕志訳『市民論』京都大学学術出版会、2008年）

——, *Leviathan* in : The English Works of Thomas Hobbes of Malmesbury, ed. by Sir W. Molesworth, 11 vol., Reprint, Aalen, 1962.（邦訳（一）：水田洋訳『リヴァイアサン（一）』岩波文庫、1992年／邦訳（二）：水田洋訳『リヴァイアサン（二）』岩波文庫、1992年）

Hursthouse, Rosalind, *On Virtue Ethics*, Oxford University Press, 1999.(邦訳：土橋茂樹訳『徳倫理学について』知泉書館、2014年)

Husserl, Edmund, *Philosophie als strenge Wissenschaft* in: *Husserliana : Edmund Husserl Gesammelte Werke*, Bd. XXV, Aufsätze und Vorträge(1911–1921), Martinus Nijhoff Publishers, Dordrecht / Boston / London, 1987.（邦訳：小池稔訳「厳密な学としての哲学」、細谷恒夫責任編集『世界の名著62 ブレンターノ　フッサール』中央公論社、1980年に所収）

Jost, Lawrence and Wuerth, Julian (ed.), *Perfecting Virtue. New Essays on Kantian Ethics and Virtue Ethics*, Cambridge University Press, 2011.

Kalter, Alfons, *Kants vierter Paralogismus. Eine entwicklungsgeschichtliche Untersuchung zum Paralogismenkapitel der ersten Ausgabe der Kritik der reinen Vernunft*,　Meisenheim am Glan, 1975.

Kersting, Wolfgang, *Wohlgeordnete Freiheit. Immanuel Kants Rechts- und Staatsphilosophie*, 3., erweiterte und bearbeitete Auflage, mentis Verlag GmbH, 2007.（邦訳：舟場保之／寺田俊郎監訳、御子柴善之／小野原雅夫／石田京子／桐原隆弘訳『自由の秩序――カントの法および国家の哲学――』ミネルヴァ書房、2013年）

Klemme, Heiner F., *Kants Philosophie des Subjekts. Systematische und entwicklungsgeschichtliche Untersuchungen zum Verhältnis von Selbstbewußtsein und Selbsterkenntnis*, Hamburg, 1996.

Kreimendahl, Lothar, *Kant -- Der Durchbruch von 1769*, Köln, 1990.

Krüger, Gerhard, *Philosophie und Moral in der Kantischen Kritik*, 2., unveränderte Aufl., J. C. B. Mohr (Paul Siebeck), Tübingen, 1967.（邦訳：宮村悠介訳『カントの批判における哲学と道徳』月曜社、近刊）

Kuehn, Manfred, The Moral Dimension of Kant's Inaugural Dissertation: A New Perspective on the "Great Light of 1769?", in: H. Robinson (ed.), *Proceedings of the Eighth International Kant Congress Memphis, 1995*, Volume I, Part 2, Milwaukee, 1995.

――, *Kant. A Biography*, Cambridge University Press, 2001.（邦訳：菅沢龍文／中澤武／山根雄一郎訳『カント伝』春風社、2017年）

――, Kant's *Metaphysics of Morals* : the history and significance of its deferral, in: L. Denis (ed.), *Kant's Metaphysics of Morals. A Critical Guide*, Cambridge University Press, 2010.

Leibniz, Gottfried Wilhelm, *Nouveaux essais sur l'entendement*, in: *Die philosophischen Schriften von Gottfried Wilhelm Leibniz*, hrsg. v. C. I. Gerhardt, 7Bde., Nachdruck（= GP）, Bd. V, Hildesheim, 1978.（邦訳：米山優訳『人間知性新論』みすず書房、1987年）

――, *Discours de metaphysique*, in: GP, Bd. IV, Hildesheim, 1978.（邦訳：河野与一訳『形而上学序説』岩波文庫、1950年）

――, Sur l'Essay de l'entendement humain de Monsieur Lock, in: GP, Bd. V, Hildesheim, 1978.

――, *Monadologie*, in: GP, Bd. VI, Hildesheim, 1978.（邦訳：河野与一訳『単子論』岩波文庫、1951年）

Louden, Robert B., Go-carts of Judgement : Exemplars in Kantian Moral

Education, in: *Archiv für Geschichte der Philosophie*, Bd. 74, 1992.

Malebranche, Nicolas de, *De la recherche de la vérité*, in: *Œuvres*, éd. par G. Rodis-Lewis, vol. 1., Paris, 1979.

Manchester, Paula, Kant's Conception of Architectonic in its Historical Context, in: *Journal of the History of Philosophy*, Vol. XLI, 2003.

Meier, Gorge Friedrich, *Auszug aus der Vernunftlehre*, in: *Kant's gesammelte Schriften*, Bd. XVI.

Mendelssohn, Moses, *Phädon oder über die Unsterblichkeit der Seele*, hrsg. v. D. Bourel, Hamburg (Philosophische Bibliothek Bd. 317), 1979.

Mollowitz, Gerhard, Kants Platoauffassung, in: *Kant-Studien*, Bd. 40, 1935.

Piché, Claude, *Das Ideal : Ein Problem der Kantischen Ideenlehre*, Bonn., 1984.

——, Rousseau et Kant. A propos de la genèse de la théorie kantienne des idées, in: *Revue Philosophique*, Tome CLXXX, 1990.

Plato, *Phaedo*（邦訳：岩田靖夫訳『パイドン』岩波文庫、1998年）

——, *Phaidros*（邦訳：藤沢令夫訳『パイドロス』岩波文庫、1967年）

Potter, Nelson, Duties to Oneself, Motivational Internalism, and Self-Deception in Kant's Ethics, in : M. Timmons (ed.), *Kant's Metaphysics of Morals. Interpretative Essays*, Oxford University Press, 2002.

Reich, Klaus, *Kant und die Ethik der Griechen*, Tübingen, 1935.

——, Die Tugend in der Idee. Zur Genese von Kants Ideenlehre, in: *Argumentationen. Festschrift für Josef König*, hrsg. v. H. Delius und G. Patzig, Göttingen, 1964.

Rousseau, Jean-Jacques, *De l'imitation théâtrale, in: Œuvres complètes*, publiée sous la direction de B. Gagnebin et M. Raymond, Vol. V., Paris, 1995.

Santozki, Ulrike, *Die Bedeutung antiker Theorien für die Genese und Systematik von Kants Philosophie*, Berlin / New York, 2006.

Scheler, Max, *Der Formalismus in der Ethik und die materiale Wertethik. Neuer Versuch der Grundlegung eines ethischen Personalismus*, in: *Max Scheler・Gesammelte Werke* (=GW), Bd. 2, Bern ; Bonn（邦訳（上）：吉沢伝三郎訳『シェーラー著作集1　倫理学における形式主義と実質的価値倫理学（上）』白水社、1976年／邦訳（下）：小倉志祥訳『シェーラー著作集3　倫理学における形式主義と実質的価値倫理学（下）』白水社、

1980年）
——, Vorbilder und Führer, in: GW, Bd.10.（邦訳：水野清志／田島孝訳「典型と指導者」7,『シェーラー著作集15』白水社、1978年に所収）
Schwaiger, Clemens, *Kategorische und andere Imperative. Zur Entwicklung von Kants praktischer Philosophie bis 1785*, Stuttgart-Bad Cannstatt, 1999.
Schmucker, Josef, *Die Ursprünge der Ethik Kants in seinen vorkritischen Schriften und Reflektionen*, Meisenheim am Glan, 1961.
Seung, Thomas Kaehao, *Kant's Platonic Revolution in Moral and Political Philosophy*, Baltimore and London, 1994.
Speer, A., Art. ‚Weisheit', in : *Historisches Wörterbuch der Philosophie*, Bd. 12, hrsg. von J. Ritter, K. Gründer, und G. Gabriel, Basel, 2004.
Theis, R., Kants Ideenmetaphysik. Zur Einleitung und dem ersten Buch der transzendentalen Dialektik. in; N. Fischer (ed.), *Kants Grundlegung einer kritischen Metaphysik*, Hamburg, 2010.
Tonelli, Giorgio, Kant's Early Theory of Genius (1770–1779) : Part I, in: *Journal of the History of Philosophy,* vol. 4, 1966.
——, Kant und die antiken Skeptiker, in: H. Heimsoeth, D. Henrich, und G. Tonelli (hrsg.), *Studien zu Kants philosophischer Entwicklung*, Hildesheim, 1967.
——, Ideal in Philosophy from the Renaissance to 1780, in: Philip P. Wiener (editor in chief), *Dictionary of the History of Ideas. Studies of Selected Pivotal Ideas*, Vol. 2, New York, 1973.
——, *Kant's Critique of Pure Reason within the Tradition of Modern Logic. A Commentary on its History*, ed. by D. H. Chandler, Hildesheim / Zürich / New York, 1994.
Vieillard-Baron, Jean-Louis, *Platon et L'idéalisme allemand (1770–1830)*, Paris, 1979.
Vorländer, Karl, Einleitung, in: I. Kant, K. Vorländer (hrsg.), *Metaphysik der Sitten*, Verlag von Felix Meiner, 1959.
Wood, Allen W., Kant and agent-oriented ethics, in: Jost and Wuerth (ed.), *Perfecting Virtue*, Cambridge University Press, 2011.

網谷壮介『共和制の理念　イマヌエル・カントと一八世紀末プロイセンの「理論と実践」論争』法政大学出版局、2018年。

石川文康『カント　第三の思考　法廷モデルと無限判断』名古屋大学出版会、1996年。

石田京子『カント　自律と法　理性批判から法哲学へ』晃洋書房、2019年。

井上龍介「解説」、ニコラ・マルブランシュ著／井上龍介訳『形而上学と宗教についての対話』晃洋書房、2005年に所収。

宇都宮芳明「哲学者と知恵――カントのフィロソフィアについて――」、宇都宮芳明『哲学の視座』弘文堂、1978年に所収。

大森一三「カント教育論における自由と開化のアンチノミー」、日本カント協会編『日本カント研究12』2011年に所収。

――「徳への問いと批判哲学の射程――カントの世界市民的な徳の教育――」、日本カント協会編『日本カント研究23』2022年に所収。

小野原雅夫「自由への教育――カントの教育論のアポリア――」『別冊情況』、2004年に所収。

片木清『カントにおける倫理・法・国家の問題』法律文化社、1980年。

加藤泰史「理性批判と公共性の問題」、渡邊二郎監修、哲学史研究会編『西洋哲学史再構築試論』昭和堂、2007年に所収。

城戸淳「哲学的エンチュクロペディー講義　解題」、新潟大学大学院現代社会文化研究科編『世界の視点――変革期の思想』、2004年に所収。

――『理性の深淵　カント超越論的弁証論の研究』知泉書館、2014年。

熊野純彦『ヘーゲル　〈他なるもの〉をめぐる思考』筑摩書房、2002年。

斎藤拓也『カントにおける倫理と政治　思考様式・市民社会・共和制』晃洋書房、2019年。

坂部恵「Phase $\kappa-\lambda$ の趣味批判関係遺稿について」、『坂部恵集1　生成するカント像』岩波書店、2006年に所収。

――「〈理性〉と〈悟性〉――十八世紀合理主義の消長――」、『坂部恵集1　生成するカント像』岩波書店、2006年に所収。

佐藤康邦『カント『判断力批判』と現代――目的論の新たな可能性を求めて――』岩波書店、2005年。

佐山圭司「勇敢さの犠牲――ヘーゲル「人倫における悲劇」論の一解釈」、日本倫理学会編『倫理学年報』第五十五集、2006年。

角忍『カント哲学と最高善』創文社、2008年。

関根清三『旧約聖書の思想　24の断章』岩波書店、1998年。

千葉建「趣味判断の範例的必然性をめぐって――カント趣味論の一側面」、筑波大学倫理学研究会編『倫理学』第十八号、2001年。

――「カントの『道徳の形而上学』における徳理論の構造」、日本カント協会編『日本カント研究23』2022年に所収。

土橋茂樹「カントの徳理論と徳倫理学の諸相」、日本カント協会編『日本カント研究23』2022年に所収。

轟孝夫『ハイデガー『存在と時間』入門』講談社現代新書、2017年。

中島義道『カントの法論』ちくま学芸文庫、2006年。

野家啓一「哲学とは何か――科学と哲学のあいだ」、日本哲学史フォーラム編『日本の哲学　第11号　特集：哲学とは何か』昭和堂、2010年。

量義治『宗教哲学としてのカント哲学』勁草書房、1990年。

浜田義文『カント倫理学の成立』勁草書房、1981年。

――『カント哲学の諸相』法政大学出版局、1994年。

檜垣良成「カントの理性概念――その二義性とVerstandとの関係――」、カント研究会編『現代カント研究10　理性への問い』晃洋書房、2007年に所収。

氷見潔『カント哲学とキリスト教』近代文藝社、1996年。

三島淑臣『理性法思想の成立――カント法哲学とその周辺――』成文堂、1998年。

宮村悠介「〈実践理性批判〉の理念の成立――学と常識のはざまで」、日本倫理学会編『倫理学年報』第五十八集、2009年。

――「訳者解説」、カント著／宮村悠介訳『人倫の形而上学　第二部　徳論の形而上学的原理』岩波文庫、2024年に所収。

山根雄一郎『〈根源的獲得〉の哲学　カント批判哲学への新視角』東京大学出版会、2005年。

――『カント哲学の射程　啓蒙・平和・共生』風行社、2011年。

山本道雄『カントとその時代――ドイツ啓蒙思想の一潮流――』晃洋書房、2008年。

和辻哲郎『人間の学としての倫理学』、『和辻哲郎全集　第九巻』岩波書店、1962年に所収。

宮村悠介（みやむら・ゆうすけ）

一九八二年生まれ。埼玉県出身。二〇一一年、東京大学大学院人文社会系研究科倫理学専攻博士課程単位取得満期退学。博士（文学）。愛知教育大学教育学部准教授を経て、現在、大正大学文学部准教授。専門は倫理学と比較思想。
訳書にI・カント『人倫の形而上学　第二部　徳論の形而上学的原理』（岩波文庫、二〇二四年）があり、共著に『ＡＣＰの考え方と実践　エンドオブライフ・ケアの臨床倫理』（会田薫子編、東京大学出版会、二〇二四年）、『和辻哲郎の人文学』（木村純二・吉田真樹編、ナカニシヤ出版、二〇二一年）などがある。

カント「人倫《じんりん》の形而上学《けいじじょうがく》」の生成《せいせい》――理念論《りねんろん》の道《みち》をたどる

二〇二四年一〇月一七日　初版発行

著者　宮村悠介
発行者　三浦衛
発行所　春風社
横浜市西区紅葉ヶ丘五三　横浜市教育会館三階
〈電話〉〇四五・二六一・三一六八　〈ＦＡＸ〉〇四五・二六一・三一六九
〈振替〉〇〇二〇〇・一・三七五二四
http://www.shumpu.com　info@shumpu.com

印刷・製本　モリモト印刷株式会社

装丁　間村俊一
本文設計　長田年伸

乱丁・落丁本は送料小社負担でお取り替えいたします。
© Yusuke Miyamura. All Rights Reserved. Printed in Japan. ISBN 978-4-86110-976-8 C0010 ¥4000E